マイナビ新書

世界のエリートが教える
ちょっとした仕事の心がけ

冨田賢

マイナビ新書

はじめに

私は、大学を卒業後、ニューヨークのウォール街に本社がある米国最古かつ最大手のプライベートバンクのブラウン・ブラザーズ・ハリマン・アンド・カンパニー（以下ブラウン・ブラザーズ）で、ビジネス人生をスタートしました。

タイミングよく4年ぶりに日本人採用をしてくれたその銀行は、エール大学などトップ大学のＭＢＡ取得者が集う世界でした。私は弱冠22～23歳にして、ＣＮＮニュースに出てくるような金融マンと付き合うことができました。

ブラウン・ブラザーズは、世界一の投資家と言われたジョージ・ソロスのファンドの管理もしており、ジョージ・ブッシュ前大統領の祖父も重役を務めていました。ケイマン諸島などのタックスヘイブンと呼ばれるエリアに立地する特殊な投資ファンドや、ヘリポートの付いたような邸宅に住む超大富豪のプライベート・バンキングをしている銀行でした。

そういった荘厳で伝統的な銀行での経験、そして、その後、ファイナンス分野で何十年も米国ＭＢＡランキング首位を獲得し続けているペンシルバニア大学大学院での在外研究をへて、さらに、米国だけでなく、中国のトップエリート校の上海交通大学ＭＢＡでの在外研究、日系信託銀行で特殊な金融商品の日本最大のゲートキーパー（機関投資家向けに資金を受託運用する専門家）として、海外のトップレベルの投資ファンドや機関投資家と付き合いました。その中で、私は、普通の日本人がなかなか経験できないような国際的でハイレベルな世界を経験することができました。

思えば、実に多くのトップエリートと接してきました。

そこで、1つ、みなさんにお伝えしたいことがあって、この本を書きました。

それは、世界のトップエリートたちの行動パターンや思考方法、問題解決手法などは、エリートならではの特別なことばかりではないということです。特別な何かというよりも、大半は「ちょっとした心がけ」の差なのです。

日本人のレベルは低くない。あなたにも十分実践できる

もう1つ、みなさんにお伝えしたいことがあります。

私は世界のエリートたちと付き合う中で、日本人のレベルはけっして低くないと実感しました。

ペンシルバニア大学やコロンビア大学などの米国の大学院や中国の上海交通大学などの大学院の講義に出ましたが、際立って、特別でハイレベルなことを教えているわけではありませんでした。

日本で私が通っていた京都大学大学院とテキストが同じケースもありましたし、あまり見たことがないような内容は、ありませんでした。

つまり、日本の教育レベルは、低いわけではありません。自分は海外留学していないからと卑下する必要など、まったくない、ということです。

残念ながら、日本人の中には、海外のトップレベルの環境を未知であるがゆえ

に、自分たちは劣っているんじゃないかとか、海外のトップビジネススクールに行かないと、そういうハイレベルな仕事はできないと思い込んで、卑下してしまっている人がいます。でも、そんな卑下する必要は全然ないんですよということをお伝えしたいのです。エリートが実践しているちょっとしたコツはあなたにも十分実践できます。

世界のエリートから学ぶ

これから世界のトップエリートがやっているちょっとした仕事の心がけや、問題解決の手法をご紹介していきます。このノウハウは、日本にいたとしても、模倣して取り入れることができますし、そういった心がけをきちんとしていけば、あなたのビジネス能力は飛躍的に高まることでしょう。

本書で、世界のトップエリートの仕事のコツを一気に学んでください。

きっと、自分でもできるなあと感じるはずです。そして、自分の仕事の質を高め、有意義なビジネスライフを送ろうではありませんか。本書がその一助となれば、これほど著者冥利に尽きることはありません。

世界のエリートが教える
ちょっとした仕事の心がけ

目次

第2章　トップ1%が実践している思考の習慣

第3章　年収2000万円プレーヤーの仕事の心がけ

第4章　世界のエリートが実践している問題解決の手法

第5章 その他大勢から抜け出すコミュニケーションのコツ

第6章　勝つエリートのお金の使い方

最終章　どんな時代でもちょっとした心がけで君は勝てる

第1章

エリートの考え方は誰でもすぐに実践できる

米国型エリートへの関心の強さ

みなさん、エリートたちって、どんな仕事ぶりをしているのかなぁと思ったことはありませんか？

昨今、エリートを取り上げたビジネス書が非常に多く出版されています。マッキンゼー・アンド・カンパニー、ゴールドマン・サックスといった米国系のコンサルティング会社や投資銀行出身者の仕事術本、ハーバード大学やスタンフォード大学など、一流校のＭＢＡコースの授業内容を収録したものなど、多種多様です。それだけ、日本のビジネスパーソンにとっては、アメリカのＭＢＡや外資系エリートは気になる存在なのでしょう。

エリートの語源は、ラテン語の「ligere」（選択する）で、「選ばれた者」を意味します。
エリートとは、「選ばれた人たち」のことです。
では、具体的には、どんな人たちをイメージしますか？
ざっと挙げてみると、次のようになると思います。

①マッキンゼーやゴールドマン・サックスなど、米国系のコンサルティング会社や投資銀行に勤めている人たち
②ハーバード大学やスタンフォード大学など、米国のトップＭＢＡスクールの卒業生たち
③日本では東大、京大、慶應、早稲田など偏差値の高い大学・大学院の卒業生
④霞が関の中央官庁に勤めるキャリア官僚たち
⑤銀行や総合商社、トップＩＴ企業などの有名企業に勤めている人たち（特に、その中で、出世コースに乗っている人たち）

といった感じでしょうか？

世間一般的には、エリートというと、おおよそ、こういった人たちを思い浮かべたり、指したりしているものと思います。そして、憧れ（時には、嫉妬も？）を持たれている面があると思います。

新たなエリートコースの出現

ただ、エリートとはどういう人か、ということも、時代の変化とともに変わってきています。

エリートも、変化しているわけです。

エリートってどんな人かと質問すると、今でも、東大を卒業し、霞が関の官僚か学者になっている人という答えが返ってくることがあります。司馬遼太郎の『坂の上の雲』が描いた明治時代のような「末は博士か大臣か」という時代ではないのに、いまだにそんな感覚の方もいます。

昔のように（これは、高度経済成長期やバブル崩壊以前までという意味ですが……）、良い大学を出て、良い会社（これは、有名企業、大手企業という意味）に勤めれば、エスカレーター式に、良い人生が待っている、ということはなくなりました。

そんな時代はバブル崩壊にともない、20年以上も前のとっくの昔に終わっています。

しかし、まだまだそういう時代が続いていると錯覚している人も世の中には多いのです。

大手企業に勤めるだけが良いわけでなく、ベンチャー企業を起業したり、ベンチャー企業の経営に参画したりして、上場（ＩＰＯ、株式公開）を達成することも、今の時代のエリートな生き方と言えます。

アメリカでは、アップルのスティーブ・ジョブズ氏やマイクロソフトのビル・ゲイツ氏（ハーバード大学中退）にはじまり、今もっとも有力な起業家としては、フェイスブックの創業者のマーク・ザッカーバーグ氏（ハーバード大学の在学中に起業。その後、同大学を卒業）がいます。彼らは、大手企業や役所に勤めているわけではないですが、明らかにエリートでしょう。保有している資産額でも、大手企業のサラリーマンなどとは比べものになりません。

日本においても、ベンチャー企業を起業して、株式上場を達成するというエリートコースが生まれてきています。

そのようなタイプの方では、楽天の三木谷浩史氏（日本興業銀行出身。ハーバード大学MBA。一橋大卒）、マネックスグループの松本大氏（ソロモン・ブラザーズを経て、元ゴールドマン・サックス証券での最年少のパートナー。東大法学部卒）といった学歴も有していて、その上で起業し、上場達成しているタイプもいます。

しかし、明らかに従来のイメージの、たとえば、旧帝国大学を卒業して、官僚などになって、というキャリア形成をしているようなコースとは異なります。

同じく、創業社長として東証一部上場を達成しているネクシィーズ（携帯電話販売からスタートし現在、電子雑誌事業などを展開）の近藤太香巳社長は、高校中退で、19歳で創業した方です。また、大手企業を経て、55歳でスピンオフ起業をして、東証一部までいったメガチップス（設計ＬＳＩ）の進藤晶弘さんは、地方大学出身で、若い頃は挫折の連続だった方です。

このように、多様な人生モデルが生まれてきています。

日本人はまだまだ画一的なエリート像を描きすぎ

いまのエリートは、従来のイメージと違うことをまず認識することは必要です。

たとえば私がフィラデルフィアのペンシルバニア大学に行っていたときに、バイオ系のベンチャー企業との接点が多くありました。そういう企業の経営者たちは、医学や薬学の博士号（Ph.D）や医者の免許（MD、Medical Doctor）を持っているのですが、いわゆるニューヨークの投資銀行にいるような仕事スタイルをしているわけではありません。

たとえばバイオベンチャーでは、パリっとした格好をしているわけではなく、自由にやっている感じでした。私が滞在していたペンシルバニア大学のインキュベータ（起業家の支援施設）でも、風船がファニーで楽しいと言って、自分の席に風船をつけている人もいました。日本では見られない光景です。

アメリカでも日本でも、自由な雰囲気のエリートが増えてきました。

たとえば、マッキンゼーやボストン・コンサルティングに並ぶ、世界のコンサルティング会社で3本の指に入るベイン・アンド・カンパニーの本社が、ニューヨークのタイムズ・スクエアにあり、訪問したことがありますが、とても自由な雰囲気でした。自分の席のパーティションのところにはお菓子やおもちゃなど、自分の好みの物がいっぱい置いてありました。

大きなプレゼンテーションのときでも、スティーブ・ジョブズ氏が黒いタートルネック姿だったことは、みなさんも記憶にあるでしょう。そのようなフランクな（素直で気取らない）スタイルが世界のエリートには多いです。

スタンフォード大学は、全米で最高峰の大学のひとつで、技術とビジネスを結びつけるという面では、世界トップの大学です。そのスタンフォード大学を中心としたカリフォルニアでは、靴下をはいたら、それだけでもセミフォーマルと言われます。それくらい服装に関しては自由な雰囲気があります。

日本で、元ライブドアの堀江貴文氏がTシャツのスタイルを通したら、個性ととられず、反発を招いたこともありました。

ただ、私がもともといた金融界はカッチリしています。さすがにTシャツ姿のエリートはいませんでした。しかし、エリートにもいろいろなタイプがあるということを考えないと、キャリアプランや仕事の進め方を見誤ってしまいます。

エリートは人に親切

　私はこれまで、エリートと呼ばれる人たちと多く接してきましたが、エリートたちは総じて、礼儀正しく、人に親切でした。

　アメリカだからレイジーということはなく、アメリカのエリートはきちんとした英語を話します。コロンビア大学を出て、ペンシルバニア大学MBAを卒業したアメリカ人の親友の自宅を訪問した際、彼のお母さんに、会話での文法の間違いなど、ちょっとしたことをきちんと直されたことがありました。エリート家庭はぐちゃぐちゃな文法で話さないのです。

　ブラウン・ブラザーズでは真夏の気温40度のニューヨークでも、きちっとネクタイを締めて上着を着ろと指導されていました。アメリカ人の保守層は、日本以上に保守的です。

　ペンシルバニア大で食事会をしたことがありました。食事会のフォーマル度合いにもよりますが、アメリカ人は料理が運ばれてきた人から順番に食べ始めるのが普通です。しかし、そのときは、ある人の料理だけがなかなか出てきませんでした。そうすると、何人かがそれを気遣って、お店の人に料理を早く持ってくるように丁寧に話していたのが印象的でした。

相手のことを考えてあげられるかどうか

アメリカ人のエリートは、自分が自分がではなく、人のことを考えて、相手の立場になって行動できる人が多いです。

メールのやり取りも、相手のことを思っているから、相手はこう受け取ったほうがいいだろうななどの気遣いが出てくるわけです。

会議室の出入りや席を譲らないのはエリートの振る舞いではありません。偉い人と接するときに、日頃からきちんとした行動をしていないと無意識で気遣いをみせることなどできないですね。

エリートは、日頃から意識して行動していないと、いざというときに、ちょっとした気遣いができません。日頃から注意しているので、書類をつくるときも、ルールを守らなければいけないという意識が生まれるのです。日頃の行動はビジネスに絶対に表れるんですよ。

エリートはルールを守る

欧米のエリートたちは、ルールや時間をきっちり守ります。

私の経験をお話ししましょう。

私は学生時代、オックスフォードの英語学校に通っていたことがありますが、イギリス人のエリートたちは自転車に乗るとき、きちんとルールに従い、自転車専用レーンを走っていました。うっかり誰かが歩行者用のレーンを走っていると怒鳴られたりするくらいルールに厳密です。

また、パブで飲んでいても、夜11時になるとみんなピタッと飲むのを終えて帰っていました。そもそも、オックスフォードでは、夜11時にパブが閉まるという事情もあるのですが、深夜いつまでも飲むということはありませんでした。

中国人もエリートはポライト（礼儀正しい）です。

私がかつて滞在した中国のトップ校である上海交通大学の大学院にいる人は、みんな礼儀正しいし、よく勉強していますし、真面目で親切な人たちでした。

上海交通大学の受け入れ教授だった中国人は、コロンビア大学の大学院を出た方でしたが、やっぱり親切だし、律儀だし、きちんとしていました。

中国は、人口が多く、競争社会ですので、競争をクリアした人しか、上海交通大学の大学院には入学できません。お金の面でもいい家の人しか通えないということはあります。また、社費留学で学んでいる人も国営企業の幹部クラスしかこられないエグゼクティブクラスだったこともあり、上海交通大学の大学院は、エリート層の集まりだったと言えます。学部から大学院にそのまま上がってきた人たちも、総じて、皆、礼儀正しく、まじめで、親切でした。

レイジーなアメリカ人は文法がグチャグチャかもしれませんが、エスタブリッシュされたそのような世界では、メールや会話で三単現のSが抜けていたり、時制が間違っていたりしたら、こいつ大丈夫かなと思われます。細かいところは基本をきちっとしています。

エベレストの頂上を見てから富士山を登る

私が最初に就職したブラウン・ブラザーズは特殊な銀行で、1818年設立のアメリカ最古の銀行で、FRB（米連邦準備制度理事会）ができるまでは中央銀行の役割も果たしていました。

ブラウン・ブラザーズに勤めている人は、イェール大学の卒業生がほとんどです。ブラウン・ブラザーズのパートナーも本当に家柄のいい人ばかりでした。私が東京オフィスに勤務していたときはカストディーで世界一の会社で、ボストンの投資ファンドのスーパーエリートたちも訪問してきていました。ブラウン・ブラザーズは、だいたい資産100億円以上、プールのあるような家に住んでいて、スペインに城を持っている……といった大富豪が顧客でした。そういう資産家は日本では少ないため、日本のお客様は生損保や信託銀行でしたが、日本は機関投資家が大きいので良いお客様になっていました。

ちょっと大げさな言い方かもしれませんが、私は社会人生活の最初に、そういう環境でトップエリートとはどういう人たちなのかを見ることができたのです。

私が、その後、起業したベンチャーキャピタルを上場させたりできたのは、やっぱり、22、23歳くらいのときに世界のトップを見られたことが大きいです。

それは逆に言えばほかの人が持っていない経験です。

エベレストの頂上がどういう状況かわかってから富士山に登るのはラクなんです。

ビジネスの世界で、最初にエベレストの頂上とも呼べる部分を経験できたことが、今日の私の支えになりました。もし大学卒業後に、普通の会社に入社していたら、いまの私はなかったのではないかと思います。

霞が関の中央官庁のキャリア官僚出身の方で役所を辞めた後にも活躍する方が多いですが、それもキャリア官僚の人は若いうちからハイレベルな人たちとやり取りができる機会がこれまでの時代は多かったからと言えるのではないかと思います。それと同じだったと思います。

勉強ができたエリート候補生が普通の人になってしまう原因

学生時代、私よりもはるかに勉強ができた人たち、東京大学や京都大学に進学して超一流企業に就職したエリート候補生の人たちが、なぜいまだにブレイクスルーを見つけることができず、「時間」「お金」「人間関係」の3つの束縛から自由になれずにもがいているのか。

学校時代は優秀であったのに、なぜ会社に入って仕事を始めると、多くの優秀な日本人は普通の人になってしまうのか。

その理由こそが、努力の方向性の誤りです。

努力の方向性が違っていたら、やっていることは単なる時間と能力のムダです。

そんなことをするくらいなら、居酒屋に入ってビールでも飲んでいたほうが10

努力の方向性に注意せよ

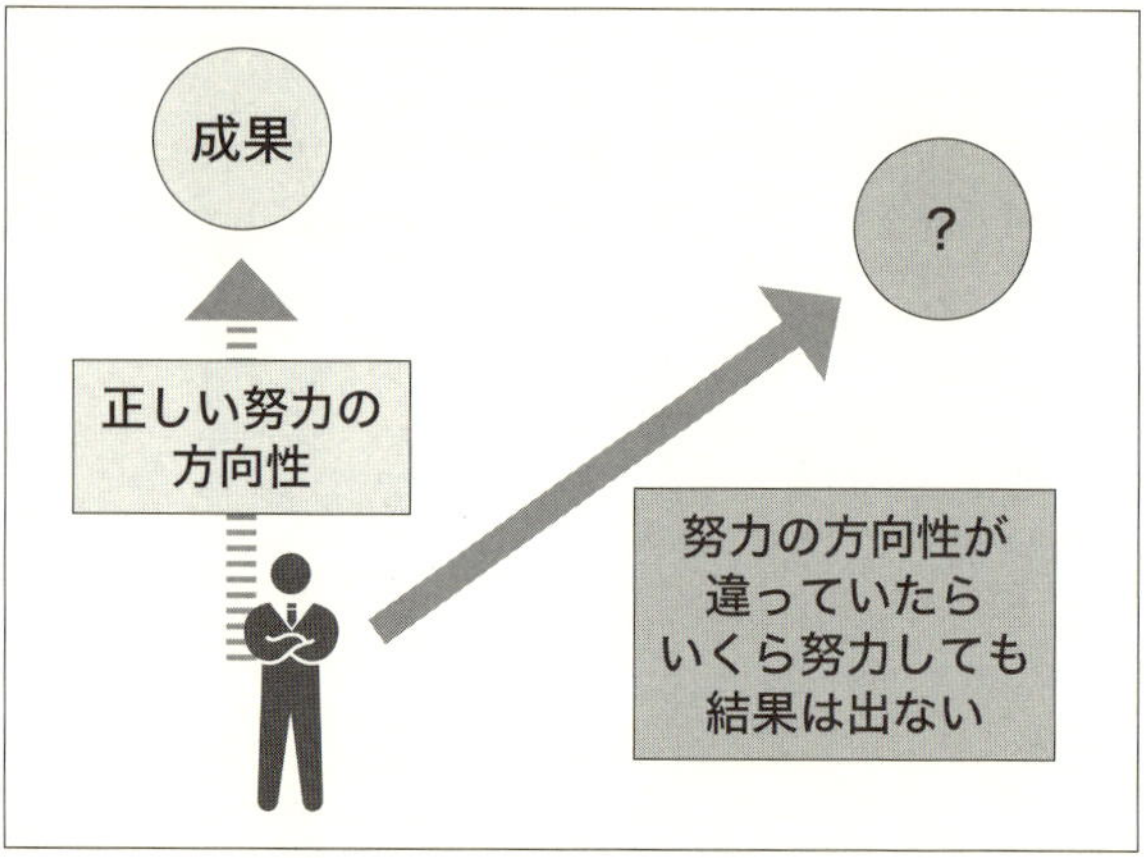

0倍マシです。

あなたは、いままでの努力に対する考え方を改めなければいけません。

日本の高校までの学校教育は、ひと言でいうなら「苦手な分野をなくし、全体を平均的にこなせるようにする」勉強です。

高度経済成長期までの日本であれば、この方法論でもよかったのでしょう。

偏りのない基礎を身につけ、社会に出てからは横並びの意識で文句を言わずに働く。かつての日本ではそういった人材が求められていましたし、平均的に横並びでがんばって仕事を続けていれば、年功序列で給料が上がり、退職後も十分な年金で面倒を見てもらえました。

しかしながら、現在およびこれからの時代を見たときに、この「平均」というキーワードが決定的に間違っているのです。

「能力の無駄遣いをやめよう！」ということをみなさんにお伝えしたいです。

努力と能力の無駄遣いが多い日本人

日本人は、総じて、努力することが好きだと言えます。

非常に勤勉に働くことが日本人の特徴でもあります。

この本の読者のみなさんも、毎日、決まった時間に決まったように会社に行き、きちんと上司の言うことを聞き、目標達成のために努力している方々も多いと思います。

しかし、私から見ると、無駄な努力になっているようにも見えます。

そして、私の中学校の同級生などで、東大に現役ですんなり入学した人のその後を見てみると、必ずしも、何か特別なことができているわけではないケースが多いです。

私は、卒業生の3分の1近くが東大に入る高校の出身なのですが、同窓会などに行くと、18歳のときにあれほど頭が良くて、勉強ができた人なのに、なんだか、普通の人になってしまっている、残念な人(申し訳ない!)に多く出会います。

能力の無駄遣いで、自らが持っている能力を最大限に生かす方法を知らないために、そういった状況に陥ってはいないでしょうか。

いくらまじめに努力しても、努力の仕方が間違っていたら、成果は百万年たっても出ません。正しい努力の積み上げをしなければ意味がないのです。

また、高い能力を持っていても、それを今の時代の中で、変化に対応しながら、最大限に発揮していくすべを知らなければ、宝の持ち腐れになってしまい、一生浮かばれません。

当たり前のことを当たり前のようにすることの大切さ

さて、世界のトップエリートたちは、どのような考え方でビジネスの成功を築き上げているのでしょうか。

こう言っては身もフタもありませんが、世界のエリートたちは、当たり前のことを当たり前のように、きちんとやれる人たちです。

しかしながら、この「当たり前のことを当たり前のようにやる」のが、実は案外難しいことなのです。

なぜなら、それは当たり前のことであるだけになおざりにされやすく、かつその当たり前のことを継続していかなければならないからです。

エリートは、気遣いや心配りを忘れず、小さな心がけを日頃から地道に実践しています。

たとえば取引相手からきたメールに返信する場合。相手がつけた件名にそのまま折り返し、「Re: ●●」という形でいつも返信してはいませんか?

相手がその返信メールを読んだとき、「Re: ●●」というタイトルがもっともふさわしい場合であれば、それでもいいでしょう。しかしながら5通も10通も「Re: ●●」のままやり取りを続けたら、自分にとってはもちろん、相手にとっても「いま、どんな内容のやり取りをしているのか」がパッと見ただけではわからなくなってきます。

こんなとき、エリートは相手を気遣い、内容に応じて件名を変えるのです。そうすることで、相手は混乱なく内容を把握できるようになるでしょう。実に当たり前のことです。

こうした気遣い・心配りを忘れない努力と、件名を最適なものに修正するちょっとした配慮。……これこそが、エリートが実践している最低限の心がけです。

そういったちょっとした心がけをちゃんとしているかどうか。

ちょっとした努力を常に瞬間、瞬間でやれるかどうかが、エリートとそうではない人の分かれ目です。

判断はとにかく速く

日本人は決断に際してためらうことが多いのですが、海外のエリートは反対に、概して決断がスピーディーです。

やはり速いということは大切です。

ビジネス、とりわけグローバルを舞台としたビジネスでは、ためらわずに決断するほうが良い結果を招きやすいです。何事も、速く判断するクセを付けておきましょう。

躊躇せず、スピーディーに判断できるようになるには、実は日常のちょっとした姿勢が必要です。

それは、「自分がやりたいこと」や「会社にとって良いと思われる方向」「成長のために必要な要素」などを、常日頃から考えておくことです。

進むべき道や目標とするゴールを日頃から考えていない人はチャンスをつかめません。実際にチャンスが目の前にやってきてから考えていては遅いのです。

望ましい姿を、常に頭の中で思い描いておくこと。具体的なものがムリなら漠然とした状態、夢のような形でもいいので、ビジョンとして持っておくこと。

それがあれば、チャンスに接したとき、ためらいなく、かつスピーディーな決断が可能になることでしょう。

卑下しないことが大切、ちょっとした仕事のコツは誰でも実践できる

エリートは、もともと素養がある人、環境に恵まれた人ばかりだから、エリートの仕事を自分が実践するのは無理と思ってしまっていませんか？

けっして、そんなことはありません。

私は、新卒でニューヨークの銀行に入ったと書きましたが、英語は苦手でした。でも、金融分野で世界のトップの場所で仕事をしたい、自分の人生の可能性を広げたい、その思いだけで、ニューヨークに面接に行き、220倍の倍率を超える採用試験を突破しました。

英語ができないからと自分を卑下せず、思い切ってチャレンジしたことで、自分の人生を切り拓いてくることができたのです。

私は、帰国子女ではなく、純ジャパ（純正ジャパニーズ）で、大学院の学位も海外MBAではなく、結局、日本の京都大学で取りました。今でも、英語につい

ては苦手意識があります。

それでも、若い頃に先述した「エベレストの頂上」を垣間見ることができたために、グローバルなビジネス社会でやっていくことができています。

最近も、米国シリコンバレーのコンサルティング会社で、私の会社と提携している会社を訪問することがありました。その会社は、1名だけは日本人で、その他の約10名のスタッフは全員、アメリカ人です。スタンフォード大学やカリフォルニア大学バークリーなどの大学院修了者ばかりでした。そのような場で私がやり取りできるのは、世界のエリートたちとの付き合い方や仕事の進め方のコツを知っているからです。

ちょっとした心がけで勝てる

逆にいえば、海外のMBAがなくたって勝てます。

ちょっとした心がけで、誰でも勝負できます。

その場で早く処理してあげる。真面目に対応する。そんなの誰でもできるという基本動作、所作が大切です。

日々の心がけひとつで、アメリカのＭＢＡに行った人と同等、あるいはそれ以上の成果を出すことはできるのです。

他方で、総じて、アメリカのＭＢＡを出た人は成功しやすいです。

なぜかというと、グローバルスタンダード、つまり、世界のトップはこういうものだと知っているからです。

考え方を変え、行動を変えると成果が変わる

私は、「そんなやり方をしていては、百万年やったって、成果は出ない」ということをこのあとの章でもたくさん書くかもしれません。

それは無駄な努力をしてしまっているというサインです。この本で私が書く、世界のトップエリートがやっているちょっとした心がけを実践すれば、あなたは、その他大勢から抜け出し、勝ち組のエリートの仲間入りができます。

考え方を変え、行動を変えれば、成果が変わる！

固定概念で自分の可能性を閉ざしてしまわず、ぜひ、私が出会った多くの世界のトップエリートたちの仕事術、思考法、振る舞いを参考にして、あなた自身の人生をより良いものに変えてください。

さあ、ここから、あなたのビジネス人生を変える、世界のトップエリートたちのノウハウを惜しみなく、紹介していきます。

第2章

トップ1%が実践している思考の習慣

「半沢直樹」なんて、バカバカしい！

依存しないことは大切です。

ポストや大企業の社員であることに依存すると、きゅうきゅうとしてしまいます。

典型的な例が半沢直樹です。銀行の関連会社に出向させられるかどうかで戦々恐々となるなんて、バカバカしいです。出向がいやなら銀行なんてやめて、起業してもいいし、外資系や別の会社に転職したっていいはずです。

半沢直樹はお父さんの因縁があって、頭取になりたいから銀行にしがみついているのかもしれませんが、そんな理由でしがみつく必要もないし、銀行だってたいしたことをやっているわけではありません。つまらないことを延々としなければならない場面だってあります。

いま勤務している会社だけが人生だと思い込むのは、視野が狭すぎます。自分の可能性も見えていませんし、いろんな選択肢があることをわかっていません。まったく戦略的に生きていませんし、コントローラブルじゃない状態で身をかがめています。

そんなのムダです。もったいない。

私の博士号の指導教授である武藤佳恭先生は、慶應義塾大学を出て、アメリカの大学で長く研究されていた方ですが、現職である慶應義塾大学教授のポストには、まったく依存していないと言っていました。定年後は、日本にいても、アメリカにいても、どちらでもいい、仕事は続けるが、どこでやってもいい……というスタンスです。

依存しておらず、素晴らしいですね。

銀行の外の世界なんていっぱいあるにもかかわらず、どこかの都市銀行に入ってその出世コースから一歩でも外れてしまうことが、まるで人生の終わりかのように考えてしまう。これは日本特有の現象だと言えます。

高度経済成長期の日本型経営システムは、終身雇用・年功序列の傾向が強く、いまある組織から外れてしまってはダメだという意識が日本は強いために、窮屈になってしまっています。

コントロールできない状態はリスクが高い

半沢直樹の例で、もっとも声を大にして言いたいことが、これです。

ひとつの会社にとどまって反抗を続けている姿が一見カッコよく、共感を呼んだようですが、よくよく考えれば彼は自分の人生の大部分を会社の運命に任せている、つまり会社にとことん依存しているのです。

半沢直樹が置かれた状況は、自分ではコントロールできないものだということです。

勤める銀行が吸収合併されるか、倒産するか……そんなことは、一般の社員にはまったくコントロールできないことですよね？

大企業になればなるほど、一社員が経営に関してタッチできる要素は少ないものになります。少ないというより、実質的にはゼロだと言ってもいいかもしれません。

そして、自分でコントロールできない状態に身を置くというのは、実はリスクが高いものなのです。

会社で半沢直樹のような状況に追い込まれてしまったら、辞めてもいいわけです。辞めて、より小さな会社でも、自分の能力が生かせる職場を新しく探すなり、新しい事業を自分で始めるほうが、はるかにリスクは低いのです。

なぜなら、コントロールできる部分が大きいからです。

コントロールできるということは、つまり、リスクが低いということです。

ですから、トップエリートの考え方としても、「依存しないこと」はきわめて大切な要素です。依存するトップエリートなどいないと断言してもいいでしょう。依存はリスクであるということに気づくこと。その前提として、自分はいま会社に依存しているんだという現実に気づくこと。まずはそれが重要でしょう。

依存するな、しがみつくな！

私はあえて、声を大にしてそう言いたいと思います。

自分しかできないこと以外やるな

理想を言うならば、ビジネスにおいて、あなたは自分が得意な仕事だけに集中していくべきです。

実社会では、自分の強い部分をもっと強くし、そこを積極的にアピールしていかないと、まず勝てません。

上司があなたに、ある仕事を任せるとしましょう。あなたがその仕事で、人並み以上に努力してもようやく平均レベルの結果しか出せないとしたら、上司はあえてあなたに仕事を任せるでしょうか？

答えは、当然、ＮＯですね。

むしろ、この仕事をあなたに任せれば、ほかの誰もがけっして及ばないような強みをあなたが持っているとしたら、上司は期待も含めて、あなたにあえて仕事を頼みたくなるというものです。

弱い部分ではムリに努力しないでほかの人に任せ、そのぶん得意分野に時間をかけて努力し、自分にしかできないことだけをやる。

「平均の追求」や「弱点の克服」は、現実のビジネスの世界では必要ありません。

日本人の努力に対する考え方を改め、努力の方向性を変えるというのは、要はそういうことなんです。

実際に多くのトップエリートは、自分が得意な仕事に注力するように意識しています。苦手な分野の仕事は別の人に振って、自分しかできない仕事のみを手がけているのです。

営業は得意だけれど営業に使うデータの分析は苦手だというなら、自分は営業で契約を成立させることに全力を尽くし、データ作成や分析はそれが得意な部下に任せているのです。まさに「強み」と「弱み」が逆の形での個人レベルのアライアンスです。

私自身もブラウン・ブラザーズでは先輩から「サトシは、サトシにしかできない仕事以外やるな！」とよく言われました。

私にももちろん弱い分野があります。その弱い分野で努力して平均まで持ってきても、ビジネスの世界での価値は生み出せませんから、ブラウン・ブラザーズにとって戦力にならないのです。

世界のトップエリートが集まるブラウン・ブラザーズだからこそ、私には、私が戦力となる得意な分野で最高のパフォーマンスを発揮してもらいたい、でなければ私がブラウン・ブラザーズで働いている意味がない……そう考えたのでしょう。


「自分が得意なことのみをやれ」

人生で初めて就職した会社でその言葉をかけてもらえた私は、運が良かったのかもしれません。

私と同じように会社の上司や先輩からこんなアドバイスをもらえる人は、いまの日本ではそういないでしょう。

しかし、上司や先輩が言ってくれないのなら、そのまま引っ込むのではなく、誰にも負けない強みを作って、自分から進んでアピールするのがいいと思います。

「自分が得意なのはこの分野です。ぜひやらせてください！」

一度では受け入れられなくても、何度も何度もトライしていれば、「じゃあ、ちょっとやって見せてくれるか」となるものです。

そのときに、結果を出せばいいわけです。

リスクがあっても、広がり感がある方向性を選ぶ

私が最初にニューヨークのブラウン・ブラザーズに入ろうと思ったきっかけは、金融の分野ではニューヨークが世界のトップ、しかもウォールストリートにある会社の中でトップの銀行に入ってやろうと思ったことです。

たまたま数年ぶりに日本人スタッフを募集するという話がありました。ブラウン・ブラザーズはアメリカ本社では管理職以上の行員は全員修士号を持っているようでしたが、彼らは東大がハーバードで、慶應がイェール大学だと思っていた

みたいで、当時は慶應の人ばかり採用している状況でした（本社にはイェール大学の出身者が多かったのです）。

日本人で橋本さんという人がノンアメリカンで初めてパートナー（共同経営者の一人）になりましたが、その橋本さんも慶應の先輩で、三井信託銀行からスイスのＭＢＡに進み、ブラウン・ブラザーズが日本に進出するときに入られました。

私は就職の際、大学では日銀出身の岡部光明先生（現在は慶應義塾大学名誉教授。ペンシルバニア大学のＭＢＡ取得者）の金融論ゼミにいましたので、日本の銀行に入ることも、当然考えていました。

迷いました。でも、私は、リスクはあっても、広がり感のある方向を選びました。

その後は、私は大阪市立大学の専任講師に転身しましたが、数年勤めた後、大学を辞めて民間の銀行に転職しました。このときも、そのまま残っていれば、将来、教授になれますし、２００倍以上の倍率を経てポストを得たわけです。辞めるなんて、なんてことをするんだ、もったいない、ということを言われましたが、それでも、私は、将来の広がり感のある方向を選びました。

そうすることで、将来の可能性の幅を広げたのです。

「継続は力なり」は本当！

努力の方向性を間違っているとダメだということは書きましたが、継続した努力は必要です。コツコツ継続することは大切で、「継続は力なり」は、本当だと思います。

たとえば、新聞記事のスクラップなども、ずっと毎日、継続しているかどうか、何年も何年も、ずっと続けている人とそうでない人では、情報収集量、情報感度という面で、大きな差が出てきます。私は日経新聞のスクラップを、大学に入る頃から、20年以上も、ずっと続けています。

成果が出ない人は、やはり、努力の継続の仕方が悪いと言えます。継続できるように、メンタル面でも工夫をして、続けることが大切です。英語の勉強も、会社経営も、情報収集も、何かの専門領域の勉強も同じです。

新聞のスクラップは、本当に大切だと思っています。

ただ単に読むだけでなく、びりびり破って、ノートに貼っておく、蛍光ペンを引いておく、ということをやるだけでいいのですが、それを5年、10年やっているかどうかで、人生が全然違ってきます。

自己投資をケチるな!

これは、本を読む人と読まない人についても同じことが言えます。毎月何千円、何万円という金額を決めて、ずっと本を買って読んでいた人と、本はどうせ読まないからと買わなかった人では、何年かで、人生が全然違っていきます。

本を買わない人はダメですね。本は、自己投資としては、一番安いものです。セミナーや講義、コンサルティングなどを受けるより、ずっと安いわけです。いい本だなと思ったらとりあえず買っておけば、ちょっとでも時間が空いたときに、ぱらぱらと読むことができます。本を買うお金をケチっていて、大成することなど、ありえません。

部下や社員が本を読まないと愚痴っているくらいなら、お金を渡せばいいわけです。社員教育にも自己投資にもお金をかけないとダメです。

もっと言えば、たとえば英語の勉強であれば、お金をかけなくても、テレビでもラジオでも、スマホのアプリやネット上でも、英会話の番組は放送されているわけですし、自主的に勉強することはいくらでもできるわけです。やる気を持ってやるかどうか、ちょっとでも自分の能力を開発して、高めていこうと思うかどうかです。

自己投資は自分の力でするる。たとえば私は京都大学大学院に通う学費を、数名で起業したベンチャーを上場させて得たキャピタルゲインで賄いました。誰かにお金を出してもらうのではなく、自分の力で自己投資したからこそ、何も縛られませんでした。

逆説的になるかもしれませんが、お金を払って勉強するのではなく、お金をもらって勉強するという発想も必要です。しかし、自己投資についてはやっぱり自分で払って勉強するべきでしょう。

会社がお金を出してくれるなら勉強するけれど、自分でお金を出すならやらないという人が多いです。そんな行動をしていて、「ほかの人より突き抜けられない」と悩んでいてもそれは当たり前です。

能動的に行動するとストレスがない！

人間は能動的に動いているときが一番能力を発揮できます。

私もすごく忙しいですけど、ストレスは低いです。それは、自分で能動的にやっているからです。誰かからやれと言われてやっているのではなく、自分で考えて、自分で決めてやっているわけです。

人間はどういうときに力を発揮できるかというと、能動的にやっているときです。やらされる感満載でやっているのはダメです。会社勤めをしていて、上司のいる方であっても、物の考え方で、捉え方は変えられます。

やらされる感があるものは全部やめたほうがいいです。時間のムダです。人生は有限で時間が限られていますから、時間というリソースをいかに有効に使うかに注力するべきです。あるいは、やらされている感ではなく、自ら能動的にやっているようにするために、きちんとビジョンを持って取り組み、スタンスを変えるべきです。

失敗したら忸怩たる思いをしなさい

エリートはどんなプロジェクトに挑んでも、必ず成功する……そんなワケはありません。

エリートだって失敗します。というより、成功の数の何十倍、何百倍も失敗しているのが普通です。

なぜでしょうか？　それは、たくさんチャレンジするからです。

エリート的な発想ができない人は、失敗は悪いことだと考えます。悪であり、恥であり、汚点であるので、物事に当たるときには失敗しない（あるいは失敗しにくい）ように安全策を取りがちです。

でもエリートは失敗を恐れず、人と違うことをするものです。人と違う視点から物事を見て、実行することからブレイクスルーを見つけます。そのため失敗することも多いのですが、成功した暁には人とは違う優れた結果を出すことができるのです。

そうしたトライ&エラーを重ねていく中から、成果の出し方も学んでいきます。失敗を恐れてチャレンジしない人は、結果もごくごく普通のものしか出せないですし、いつまでたっても成果の出し方が身につかないものなのです。

まるで失敗を推奨しているかのようですが、新しいことにチャレンジするときや、新しい方法論を試してみるときは、失敗が付き物なのです。

ただし、失敗してしまったときにはケロッと明るく「失敗しちゃった！　ま、いいか」と済ませるのではなく、とことん忸怩《じくじ》たる思いをしたほうがいいでしょう。悔しい思いをして、それを心に刻みこむことが必要です。

なぜかと言えば、悔しさを感じない人は成長しないからです。ケロッと失敗を自分の都合のいいように捉えて、切り替えが良すぎる人はダメです。

極端なことを言えば、試しては日々失敗でもいいのです。でも、悔しい思いや後悔は多少は必要です。それが次へのバネになってくれるのです。

「失敗してもいい、ただし失敗したら忸怩たる思いをせよ！」

その心持ちでビジネスに臨んでいれば、失敗から学んだものをビジネスにしっかりと活かせるようになるでしょう。

まず試してみて、それから方向転換や修正をする！

日本の良くないところのひとつに、「初志貫徹」をあまりに重んじすぎるという点があります。ひとたび物事に取り組んだら、途中で放り出さずに続けることが美徳だと日本では考えられてきました。

みなさんも子供の頃、習い事を始めるときに親から言われたことがあるのではないでしょうか？

たとえばピアノを習ってみたいとします。そのことを親に訴えると、日本の親の多くはよくこう言うのです。

「やってもいいけど、途中でやめたらダメよ」

初志貫徹はもちろん大切なことなのですが、初めて取り組む物事は、やってみないと向いているかどうかわからないものです。

試したうえで、判断すればいいわけです。「いったん始めたら放り出してはいけない」では、自分はそれが好きかどうか、向いているかどうかを判断することなどできません。

ビジネスにおいても、ポジティブな姿勢で多くのことにチャレンジし、多くの失敗を経験する中から、あなたなりの得意な分野や成果の出し方をどうぞ見つけていってください。

これは、のちの章でも触れるように、ＰＤＣＡをまわすということにもつながります。

量は質に転化する

量は質に転化します。

成果が出ない人はやはり量をこなしていません。

おもしろい仕事がない、自分には向いていない、だから会社をやめますなど、若い人でグジグジ言っている人がよくいます。試行錯誤もせず、努力の量が全然足りない段階でほかの会社に行ったって一緒です。

先日、建築家の安藤忠雄さんの話を聞きました。

安藤さんは独学で建築を学んだ方ですが、人の何倍も勉強したと言っていました。もともと天才肌ですが、努力の量もあるから、量が質に転化したわけです。

アメリカ人は悠々自適で、生活を楽しんでいて、仕事は詰め込んでやらないと思っている人がいますが、アメリカ人のエリートはむちゃくちゃ仕事します。

朝5時に起きて、スポーツクラブで走ってから、7時くらいに出社しています。エリートのアメリカ人は〝死ぬ気〟で限界までがんばっています。生き馬の目を抜くという慣用句がありますが、まさにアメリカの競争社会はそうです。投資銀行なんて、3年で半分以上がいなくなります。私が今いる経営の世界だって、起業してから5年持つ企業は15％です。

アメリカに限らず、上海だってそうです。上海のビジネスマンは、なんとバイタリティにあふれているんだと思います。夜、ミーティングを終えて飲みに行き、そこから会社に戻ってきて、もうひとつミーティングするぞくらいのことを言うんです。

日本人は、自分たちは馬車馬のように働かされて蟻地獄のようだとよく言いますが、能動的にやっていないから、いつまでたってもラットレースから抜けられないんです。量は質に転化するので、やるときは徹底的にやらないといけません。私だっていまも自己能力アップのために、スピーチのセミナーにいったり、TO

EICの点数を上げるために1日5時間のセミナーに行ったりしています。

ラスト10%を詰める努力ができること！

ハーバードでもどこの大学でも最後の論文審査などはとてもハードです。それを締切までに限界まで精緻にやる。あの根性があるから、卒業してからでもここぞというときに努力ができるんです。

ラスト10%の詰めでいいレポートを書くためにギリギリまで努力したり、大量の文献を読んだり、エリートはその努力を惜しみません。

日々の仕事で深掘りして調べたり、情報感度を高くしたり、ちょっとアカデミックな本を読んだり、普通のビジネスマンはそのようなことをしていません。

エリートの人たちはアカデミックへの関心も強いから、新しいものが出たときにはそれをしっかり吸収しようとしています。

ラスト10%の努力の大切さ

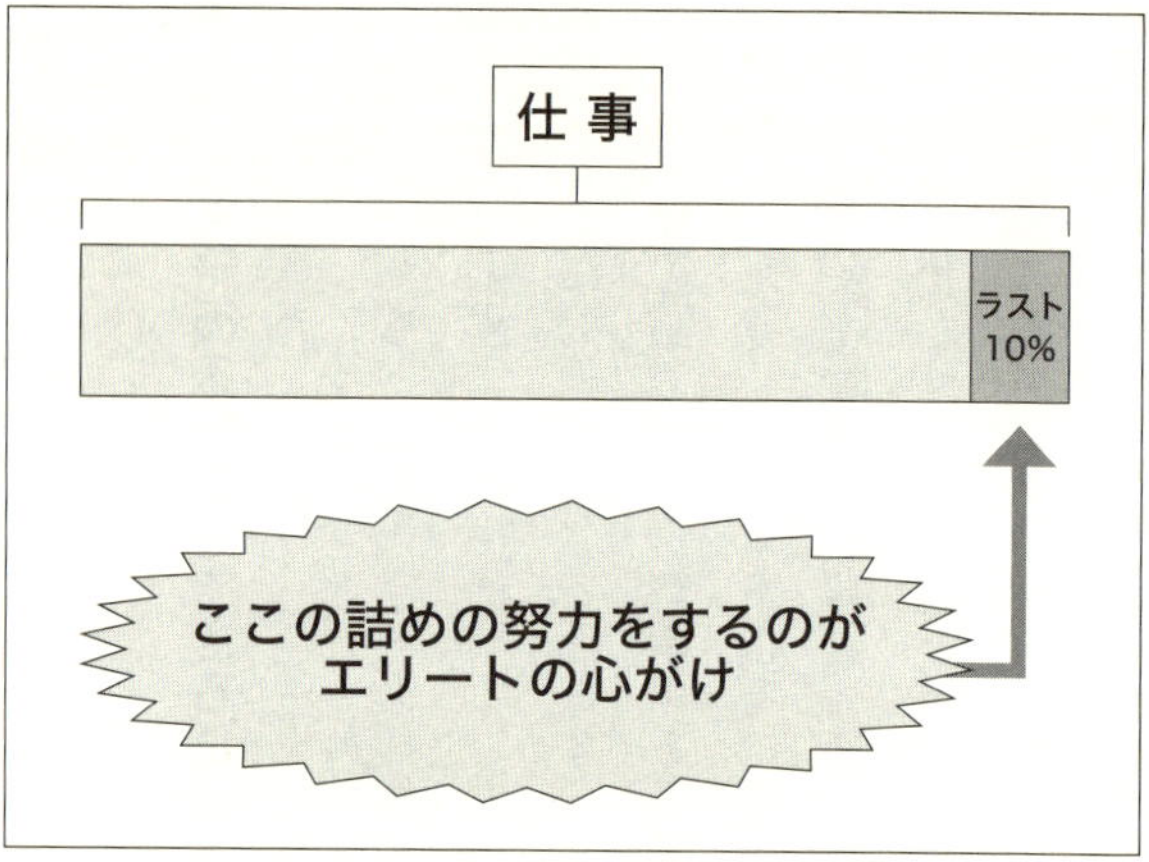

現在、Ｅｘｃｅｌなどの表計算ソフトは当たり前のものとなっていますが、これもＭＢＡ卒業生が広めたもののひとつと言っていいでしょう。ＭＢＡ卒業生は何かを便利にするものに関心があり、しかも分析するのが好きですから、表計算ソフトをどんどん使ったわけです。

エリートには最先端のイノベートな機器を使ってみる人が多いのです。

お金は浪費しませんが、便利になるものにはお金を使う人が多い。車はボロボロになるまで乗っている人でも、パソコンなどは新しいものが出るたびに使う人もいたりするんです。

最先端で一歩上のレベルの情報を取る！

知識や勉強の面では、みんなが読んでいるものを読んでいるだけでは、その他大勢から抜け出せません。人が読んでいない最先端の学術書やジャーナル、論文などを読んでいると、外部の人と会うのも怖くないんですよ。

私は東証一部上場の役員に経営のアドバイスをすることがあります。なぜできるかといったら、私はいろんなものを読んでいるし、いろんな会社のことを見ていますし、常に情報を集めているという自信があるからです。だから私は堂々と、こうですよ、ああですよとアドバイスしているのです。

それができるのは、やはり私もハーバード・ビジネス・レビューなどをしっかり読んでいたり、売れているビジネス書などはひと通り全部読んでいるからなんです。

学生時代は1カ月だいたい1万5000円くらい、いまでも月2万円くらいは書籍を買っています。ビジネス本やハウツー本、ムック本なども、役立つものはありますので、よさそうなものは、ざっと目は通しておく。ただし、そこにとどまらず、カタめのハードな学術的な本や論文もしっかり読む習慣が大切です。そうでなければ「その他大勢」から抜け出せないですし、世界のエリートたちとも戦えません。

世の中の情報の7割は英語だと言われていますので、日本語だけでなく、英語で検索することも重要です。今の時代、英語でのネット検索力が仕事の成果を大きく左右すると言っても過言ではありません。

「そうやってもいいんだ!」と気づくことが大事

海外のエリートと接してきてすごく実感するのが、日本人は「横並び意識」が強すぎることです。「ほかの人と同じようにする」と無意識で考えている人が多いのです。

これは日本の学校教育の問題でもあります。学校ではお金儲けを教えませんし、競争を避けています。

競争していないと「常識」に縛られ、アイデアや工夫が湧いてきません。「ほかの人がやらないことをやってもいいんだ!」という気づきが出てこないのです。

自分から進んで工夫し、失敗を恐れず行動に移すことの必要性、素晴らしさを、いまの学校教育で教えていないのです。

みんなと同じことをしているばかりでは、それこそ百万年たっても「平均」から飛び出すことなんてできません。みんなと同じことを考えて、やっていては当然のことです。

スティーブ・ジョブズ氏が言った「Think different! Do different!」（違うように考えろ！　違うようにやれ！）は、すごく大切です（なお、英語の文法としては、differentlyと副詞になるのが正しいのでしょうが、スティーブ・ジョブズ氏の原文通りに掲載しました）。

さあ、周りのみんなに合わせることばかり考えていないで、周りや他人とは違うように考え、違うように行動してみましょう。必ず、その他大勢から抜け出し、あなたらしい道が拓けるはずです。

第3章

年収2000万円プレーヤーの仕事の心がけ

年収2000万円超のエリート仕事術

みなさん、お金のないエリートって、イメージつきませんよね？

高学歴で優秀なキャリアを経ていたとしても、お金のない人、お金を稼いでいない人は、エリートとは言えないのではないでしょうか。

私は、年収2000万円をひとつの目安としています。

これは、前述のエリートの要素を兼ね備えている人でも、全員がクリアできているわけではありません。

国税庁の民間給与実態統計（2012年調査）によると、日本の全給与所得者、つまりすべてのビジネスパーソン・公務員のうち、年収が2000万円を超えている人の割合はわずかに0・4％です。基準を1500万円に下げても、それを超えているのは1％程度にすぎません。

年収2000万円を達成できるのは、日本のすべての給与所得者の1000人に4人という狭き門です。

残りの996人は、2000万円を超えることが現状ではできていないのです。

ということは、周囲の人たちと同じような考え方と行動スタイルを続けていたのでは、百万年たっても「平均」の枠から飛び出すことはできません。当然ながら、トップ0・4%の2000万円プレーヤーの仲間入りをすることはできないのです。

本章では、年収2000万円超のエリートたちが実践してきた仕事のちょっとした心がけと工夫について紹介していきます。

エリートにはせっかちが多い

海外のトップエリートは余裕にあふれた態度をしていると、第1章で書きました。エレベーターで先を譲る「アフター・ユー」の精神も、相手に対する気遣いを常に心がける姿勢が、余裕という態度で表に出てくるためです。

「だったら、仕事も余裕を持ってエレガントに行動しよう」なんて思っていませんか？


とんでもない！


実は、成功している人の多くは、非常にせっかちです。

とにかくどんな作業でも「速く」こなすことを尊ぶのです。

なぜ、せっかちなのか。それはチャンスを逃さないようにするためです。

ビジネスシーンでは、基本的にあらゆることに関して「クイックアクト」「クイックレスポンス」を心がけなければなりません。

私は、意思決定が速いとよく言われるんですが、普段から考えていれば、意思決定が速くできるということもあります。

第3章の最初に言いたいのは、年収2000万プレーヤーを目指すうえで一番大事なのは「速いこと」だということです。

何かやってみたいなあと思うことがあったときに、それを始めるまでの時間が短く、スピード、タイミングが速い（早い）と言えます。まず、一歩を踏み出してみることがエリートはすばやいです。うじうじ考えてばかりいても仕方ない、まずやってみることが大切だとエリートたちは経験的に知っているわけです。そして何もしていない段階より、少しでも始めてみるとわかることが多いということもわかっているわけです。

それから完璧を求めすぎるのはいけません。完璧を求めると、どうしても遅くなってしまいます。たとえば上司から資料作成を依頼されたとき、完璧を目指すと時間がやたらとかかるのです。ようやく仕上がったとき、上司はきっとすでに待ちくたびれていることでしょう。

「速いこと」は「完璧」よりも重要です。まずはとりあえず、パーフェクトでなくていいので、スピーディーに一度作ってみるのです。

完璧を期して5時間かけるより、30分でまずは作ってみる。その後間違いが見つかり、さらにトータルで追加で1時間かけて修正したとしても、完璧を期した5時間よりははるかに速いというものです。

メールはできるだけ速く返信する

クイックレスポンスの点で、象徴的、かつ相手にとって印象の差が明確に出やすいのが、メールの返信です。

メールは、できるだけ速く返信するのが基本中の基本です。

会社で、上司が部下にある用件を頼んだとします。資料作成、発表会の準備、なんでも構いません。

しばらくたって、上司は進捗状況が気になりだし、仕事を頼んだ部下にメールを送りました。

ここで、用件を頼んだ上司の立場になってみてください。

進捗状況について確認するメールを送ったのに、いつまでたってもなかなか返信がこない部下と、たとえ内容が芳しいものでなかったとはいえ（スケジュールより遅れています、など）すぐに返信がくる部下、どちらのほうが安心して仕事を任せられるでしょうか？

そもそもいつまでも返事がこないと、自分のメールが無視されていると感じてしまう人もいます。もしくは「都合が悪いことがあるから返事を書けないのだな」と変に勘繰られてしまうケースもあり、そうなると無用なトラブルを生むことになってしまうでしょう。

相手がそれこそせっかちなタイプであれば、返信がなかなかこないという時点であなたへの信頼感は消えてなくなり、ビジネスに致命的な支障をきたす可能性だって出てくるのです。

待たせると相手の期待値が上がってしまう

待たせると、相手の期待値が上がってしまいます。期待値が上がれば上がるほど、その期待値を超えるのが難しくなります。

仕事において一番難しいのが相手の期待値を超えることです。真面目で一生懸命な人ほど相手の期待を大きく上回ろうとしますが、相手の期待に対して何も大きく上回る必要はないんです。ほんのちょっと期待を上回ればいいんです。たとえば、メールの返信が速いだけでも、「お、速いね」と評価されます。

レポートを出すにしても、3日や1週間も待たせたら、相手の期待値が上がってしまい、期待値を上回るのが難しくなってしまいます。これだけ待ったのだから、よほど完成度が高いのだろうと思っても、逆にミスがあると、期待値が上がった分だけ目立ってしまいます。半日などで、「取り急ぎ」ということで粗っぽいものでも、速く出てくると、やはり「速いね」ということで、それだけで評価を得られます。

接待のときも、翌朝9時までにお礼のメールを送ってくるエリートが多いですね。接待で飲んだ翌朝ってなんとなくカラダが重いじゃないですか。でもできる人は、御礼のメールが9時までにきます。こういうことは速いほうがいいんです。

重要度と緊急度の2つから優先順位をつける

何事も、優先順位をつけることが大切です。

人によって、物事の重要度、プライオリティが違うわけですが、自分自身にとっての優先順位をきちんと把握して、それに合わせて時間を使っていく必要があります。

重要度と緊急度の観点から、物事は、次の4つのマトリックスに分けられます。

1　重要度が高いもので、緊急度も高いこと
2　重要度は高いが、緊急度は高くないこと
3　重要度は高くはないが、緊急度が高いこと
4　重要度が低く、緊急度も高くないこと

重要度も緊急度もどちらも低いものは優先順位が低くなりますし、重要度も緊急度も高いことは、最優先になります。

ここで注意が必要なのは、電話がかかってきたりメールがきたりして、一見、緊急度が高いように見えるが、実は重要度が低いことに振り回されないようにすることです。逆に、緊急度は低くても、重要度が高いことは優先順位としては高くなります。

このマトリックスを頭に置いて、自分の仕事の優先順位をつけていきましょう。

優先順位のマトリックス

		重要度	
		高い	低い
緊急度	高い	◎	△
	低い	○	×

◎＝最優先

ミスはメモして撲滅する

仕事に失敗はつきものです。

しかし逆説的に言うと、失敗をしなければ成長もできません。

「苦労は買ってでもしろって言いますもんね」と同調したそこの人、失敗は買ってまですることはありません。わざわざ買わなくても、誰でも失敗するからです。

「できない」と思って取り組んだ結果発生するネガティブな失敗はいけませんが、「できる」と信じてチャレンジした結果ついてくるポジティブな失敗は、恥どころか評価できるリスクです。何もしなければリスクもなく、失敗もありません。ポジティブなリスクだからこそ、何かをやろうとしたときに必ずついてまわるわけです。

このリスクを怖がってはいけません。ポジティブな失敗が怖くて踏み出せないのはもったいないことです。大きなことをなそうとするなら、恐れず思い切ってチャレンジすべきです。失敗は何かを前向きにやろうとした証です。

エリートたちは、そのことがわかっています。数々の失敗を経て成功してきたからです。その失敗の数は、むしろ勲章とさえ言えます。失敗せずに、いきなり成功することなどないと心得ています。

私がオススメしたいのは、ミスもアウトプットすることです。失敗したことをノートに記しておきましょう。いわば「ミス・ノート」を作るのです。

ミスをミスとして記すのではなく、あくまで大きなチャレンジの中継点と考えます。そして、失敗やミスを糧にしましょう。実はいきなりの成功からよりも、失敗からのほうが多くのことを学べることをエリートたちは知っています。エリートであればあるほど、失敗との付き合い方も上手なのです。

書く仕事はすべて引き受けろ！

情報発信の大切さ、アウトプットの重要性については、すでに多くのビジネス書で指摘されているので、わざわざ私がもう一度繰り返すまでもないでしょう。

ただ、1点だけアドバイスをします。

書く仕事はすべて引き受けてください。

文章を書くにあたって、より深く調べたり、体系的にまとめたり、知識の理解を深めたりしていけます。これは論理的思考や伝えたいことを的確に伝えるコミュニケーション力を鍛えるのにものすごく有用なのです。

私は仕事とはまったく関係なく、町内会報への寄稿や雑誌のコラムの執筆を依頼されたときも、よろこんで引き受けるようにしていました。「書く仕事」がやってきたら、どんなに忙しくても断らずに引き受けるようにしています。

あなたも「書く仕事」の依頼があったら、ぜひ断らずに受けてください。

あなたが情報発信しているのを、誰かが必ず見ています。その流れで講演会の依頼があったり、ビジネス誌や業界誌の連載をはじめ「書く仕事」が舞い込んでくることもあります。私の場合、いまこうして執筆している本書も、日々の情報発信が実を結んだものと言えます。インプットをベースとしたアウトプットから、ビジネスも人脈も、どんどんと広がっていくものなのです。

睡眠は削らない

睡眠を削って、がんばるということを言う人がいますが、それは、効率が悪いですね。アメリカ人のエリートたちで、そういうことを言うタイプに出会った記憶が私にはありません。睡眠を削ってがんばるというのは、日本人に特有のことかもしれません。寝ないでがんばっている自分の姿に満足しているというのは、最悪です。大切なのは、アウトプットであり、成果です。寝ないでがんばったこと自体には何の意味もありません。そこを勘違いしてはいけません。

私は、受験や仕事においても、基本的に、睡眠は削らないほうです。睡眠を削ると、効率が悪くなるからです。睡眠を削るくらいなら、もっと効率よく、短時間で、仕事や勉強を終わらせて、よく寝たほうが効果的です。ちなみに私は、忙しいときでも、毎日7時間は寝るようにしています。休みをきちんと取ることも仕事のひとつです。

それから、休みや睡眠時間が取れないくらい仕事や用事を入れすぎるのも考えものです。やることを絞って、用事を減らすこともタイム・マネジメントのひとつです。

会議やアポに遅れた人を責めない

時間厳守は大切なことですが、会議に遅れることは、誰でも、必ずあることだと思います。

でも、今ひとつ懐が深くないなぁと感じることがあるのは、時間に遅れた人を、鬼の首を取ったかのごとく、厳しい目で見る人がいることです。

これは、前述したように、人に親切に……ということとは、外れた行動ですよね。

日本人は、とりわけ他人の些細なミスに厳しすぎるように思えます。

会議に数分だけ遅刻して入ってきた人を見る目（あるいは、見ない目）、自然と漂う（あるいは、意図的に漂わせる）重苦しい雰囲気、チクリとした言葉（あるいは、言葉もかけず完全無視！）……日本中の会議室で日常的に見られる光景でしょう。

私から言わせれば、他人のちょっとした失敗など気にしなければいいじゃないですか。誰だって失敗はしますし、遅刻することもあります。それを特別な失敗、特別な遅刻だと厳しくとらえるから、かえって会議に影響が出てくるのです。

数分の遅刻など、気にしなければ何も影響はありません。会議やアポに遅れた人を責めるのはやめましょう。

他人の些細な失敗を責めると、自分が些細な失敗をしたときにも責められてしまうでしょうから。

相手が次にすることを予想して仕事する

エリートならではの気遣いは、相手に安心感や一種の居心地の良さを与えるのはもちろん、「この人と仕事をしたい」という信頼感も醸成してくれます。

「でも、気遣いってなかなか難しいんだけど……」

という方もいらっしゃるでしょう。

そうですね。そんなあなたは、相手が次にすることを予想し、先回りして対応することを心がけてみてはどうでしょうか。

たとえば、メールを書く、資料をファイルで送るといった日常的な作業でも、それを受け取った相手が次にやる作業がどんなことか、どういう作業をすることになるのか、ということを予想するのです。相手が次にどういう作業をしなければならないのかを考えることで、相手への配慮をすることができます。同じようなファイルを受け取るようであれば、わかりやすいようにファイル名をつけてあげる、資料を受け取った人が該当部分を探すことになるのであれば、付箋をつけてあげるなど、ちょっとしたことで良いのです。

相手がその次に何を求めるかは、想像力を働かせて相手の立場で考えることです。

あなた自身が、こういう場面では次にこうしたいと思うことを、相手のために先回りして相手の立場になって考えればいいだけです。

気が利く人は、上司には重宝されますし、取引相手であれば心強いと思ってもらえます。ビジネスは人間関係の上で成り立つもの。こうした小さな気遣いと努力の積み重ねが、あなたのビジネスを成功へと導いていくのです。

相手が次にどういうことをすることになるかを想定して、メールを書く、手配をする、ということは非常に重要です。

外見で信頼度を演出しろ！

エリートが外見で行っているちょっとしたコツについてもお話ししましょう。

私が働いていたブラウン・ブラザーズはもちろん、ゴールドマン・サックス、モルガン・スタンレーといった一流投資銀行、マッキンゼー、ボストン・コンサルティング・グループといったコンサルティングファームのエリートたちは、みんな例外なく服装や見た目に気を遣っていました。

コンサルタントの服装がヨレヨレだったり、いつ磨いたのかわからない汚れだらけの靴を履いていたりするのを見たら、はたしてこの人に重要な仕事を任せようなどという気になるでしょうか？　絶対になりません。

エリート層は、服装でも、特にお金を扱う金融系であれば、ネクタイはきちんと締めるとか、耳に髪がかからないようにとか、靴はちゃんと磨いておくとか、そういうことは徹底しています。

見た目次第で相手に与える印象は大きく変わるものだということを、エリートたちはよく知っているのです。

男性なら頭髪の襟足は短めで、アイロンがよくかかったシャツと肩幅のサイズの合ったスーツに、よく磨かれた黒の革靴が基本となるでしょう。ネクタイとシャツの色に関しては、状況に合わせて選ぶと良いです。私は異業種交流のパーティーのような少し華やかな席では、明るく少し派手さがあるネクタイを締め、ポケットチーフの色も暖色系の明るいものを選びます。

一方、上場企業のコンサルティングや契約の場面に臨むようなときは、オーソドックスな落ち着いた雰囲気のネクタイに、ポケットチーフも紺色系のものを選択します。

私だけでなく、世界のエリートたちは、状況に合わせて、外見で自分の信頼度を演出することの大切さを知っているのです。

パリっとしていないトップビジネスマンはいません。

エリートがやっているちょっとした添付ファイルのコツ

エリートがメールの添付ファイルでやっているちょっとしたコツがあります。

上司や取引相手に対して、メールで資料を送る場面。そんなとき、普通のビジネスマンは資料のファイルを添付して送るケースが一般的でしょう。

どうしても添付ファイルにしなければならないときは仕方がないですが、添付ファイルではなく、本文に記載できるのであれば、本文に記載したほうが、相手はすぐに見ることができるので、親切なやり方となります。

添付ファイルは、開いて内容を確認するのに一手間二手間かかります。社長や役員など忙しいトップビジネスパーソンには、この一手間二手間が煩わしいケースもありますし、複雑なファイルだと、どこをどう見ればよいのかわからない、ということもあります。そんな煩わしい形だと、中身を見てもらえないこともあります。

外資系でも日本企業でも、エリートとして出世している人の中には、添付ファイルをできる限り使わずに、メールの本文で完結させるように心がけている人がいます。

メールの本文がぶっきらぼうで、「添付ファイルをご覧ください」とだけ書いているこ とはないでしょうか。簡単でもいいので、ファイルの中身の要約やポイント、ファイルの中身の構成について、解説をつけるように心がけるだけでも、ずっと親切な印象を相手に与えることができます。

企画書はA4用紙1枚にまとめろ

企画書や提案書などの書類はA4用紙1枚にまとめる。

エリートのちょっとした仕事のコツです。

日本のキャリア官僚たちもこの技を使っていますし、日銀の政策委員会の資料はA4用紙1枚と決まっているそうです。

これはプレゼン資料やメールの作成にも通じているのですが、プロジェクトの説明をする際、何枚にもわたる大部の資料ではなく、A4用紙1枚にまとめたもののほうが真意が伝わるからです。長くともA4用紙表裏1枚（2ページ）までです。

プロジェクトの決裁権を持つ人は、まず例外なく多忙です。長々としたためられた資料の中からあなたの真意をガマンして読み取ってくれるほど、ヒマではないのです。

しかし次に述べるように、3つの要点でわかりやすくまとめ、かつ記憶に残る印象的な見出しがついているA4用紙1枚の資料があれば、アピール度はグンと増します。そして、あなたの提案が受け入れられる可能性は大きくアップします。

ちなみに資料を作成するときは、誰に向けた書類であるかを明確にすることがコツです。これは書類作りの基本ですが、社内の人に向けているのか、取引先なのか、さらには、取引先のどういった立場の人向けなのか、わかりにくい書類も意外と多いものです。

書類も見た目が9割。あなたの真意を的確に伝えてプロジェクトを効果的に動かすために、これはぜひとも実践してほしいちょっとした仕事のコツです。

ポイントは3つに絞れ！

プレゼンにかぎらず、メールや、会議のレジュメを作成する際なども同じですが、自分の言いたいことを人に伝える場合のちょっとしたコツがあります。

それは「要点は常に3つにまとめる」ということです。

ポイントをまとめる際、2つでは少なすぎるし、4つでは多すぎる感があり、3つにポイントを絞るのが、一番すわりが良い形となります。

冴えないビジネスマンのプレゼンを見ていると、ひとつの画面にダラダラと長い説明が表示されているシーンにしばしば出くわします。ポイントが整理されていないと意味をつかむのに時間と労力がかかってしまいます。

ハッキリ言って、発表会や会議などのプレゼンの場で、そんな要領を得ない長文をスライドで提示しても、誰も読みません。そもそも表示されるのが一瞬であれば、きちんと読んでもらうことなど無茶な相談です。かといって、全部を読んでもらえるように1枚のスライドを長々と表示するくらいなら、紙の資料を別途配布したほうがはるかに有益です。

言いたいことは3つのポイントにまとめる。それで十分です。というよりそれがベストです。

この3つの要点をいかに工夫するかが、腕の見せ所なのです。

3つの要点だけで説明しきれない詳細な内容は、実際にプロジェクトが始動してから、いくらでも直接会って説明するチャンスがあるはずです。情報が too much（多すぎる）だと相手に逆に伝わらないのです。

まずは何より、あなたが伝えたいことのポイントを相手にきちんと伝えるのが最優先事項です。そのために要素を絞り、3点にまとめて提示する方法は有効なのです。

意見がぶつかり合うときには、まずいったん受け入れる

意見が対立することは、ビジネスにおいては避けては通れないことです。

じゃあ、どうするか。

意見がぶつかり合うときは、正面から反論せず、「そういう考えもありますね」とまずはアクセプト（受け入れる）します。そのうえで、反論するのです。

よくわかる、あなたの言うことはアンダースタンドだ、理解したと、まず受け入れます。

いったんアクセプトせずに、いきなり「あなたの言うことは間違っています」と言ったら、相手は「カチーン」とくるに決まっています。まずはアクセプトするのが基本です。

真っ向から、「それは違う、私はこう思う」と主張する人を見かけますが、これでは喧嘩になります。まとまるものもまとまらず、うまくいくものもうまくい

きません。

私は反対意見を言うときや断るときは、実は最初に褒め殺します。良い意見です、最高です。でも、私はこう思うのですが、今回は申し訳ないですが……と褒めてから反論を切り出すわけです。


それから、褒め殺すくらいの気持ちで、相手を褒めることも、時には必要です。褒め殺し戦略を使うエリートは、海外でもけっこう多いです。ただぺこぺこするのではない、まずは相手を褒めて、受け入れて、相手を気分よくして、関係を作る。そして、その上で、交渉や議論を行うというステップを踏む人は実は多いです。

人は、誰でも言ってほしいことを言ってほしいものです。

ですので、まず、相手が言ってほしいことを言うんです。褒めて、褒めて、それからでないと、言いにくいことや相手が受け入れにくいことは、なかなか受け入れてもらえません。

やっぱり相手の意に反することを言うのだったら、その3倍くらい褒める必要があるでしょう。

褒めることが部下のモチベーションを上げる

これは、部下に対してでも同じです。最初にダメ出しをするのではなく、のりにのってるねー、さいこうだねー、と褒めて、でも、こういうふうにしないとダメだよと諭すのです。

3倍褒めてひとつダメ出し。これくらいの意識が必要です。

日本人は、人を褒めることが苦手なので、まず褒める、ということを心がけることが重要です。

人間は褒められたときに一番モチベーションを上げるし、褒めてくれた人のことを好きになるから、この上司のためにがんばろうという気持ちになります。けなしてくる上司のために、給料以上がんばって何かやろうとは思わないわけです。

この短い時間でよくやったね、でもココ間違っているから直しておいてねと。高いパフォーマンスを出せる人はプライドも高いので、頭ごなしに言ったらダメなんです。

世代が違う部下や後輩に対しては、パソコンで言えば、ＯＳが違うと思うことも大切です。ＯＳが違ったら、操作方法が変わるわけですが、それは、世代が離れている部下や後輩とのコミュニケーションにおいても同じです。

世界のエリートたちは、人を褒めて、伸ばすことが実にうまい人が多いです。みなさんも、部下や後輩を持っていたら、そのコミュニケーションにおいて、まず褒めることを心がけましょう。

雰囲気8割、内容2割

講演や会議、その他イベント運営などでも、大切なのは、雰囲気です。人の印象は、話の内容よりも、雰囲気の良し悪しへの印象のほうが強いと言えます。

これは、プレゼンテーションに特に当てはまります。

「雰囲気8割、内容2割」と思って、プレゼンテーションや営業、イベント運営をすることが大切です。

中身のことが気になるのは、当然です。しかし、そこにとらわれすぎ、全体の会合やプレゼン、講演の雰囲気、印象をおろそかにして、損をしてしまっている人がいます。

全体の評価の8割を占める雰囲気をおろそかにしないことが重要です。内容・中身も重要ではありますが、あまりにそこにとらわれすぎて、逆に、内容を作成することに投入した時間・労力を台無しにしてはいませんか。

真面目で、一生懸命な人ほど、陥りがちなワナです。

エリートたちも、実は、何度か、学生時代や若い頃に、そのワナに陥り、痛い目にあって失敗して、そこで学んで、「雰囲気8割、内容2割」を心がけているのです。

第4章

世界のエリートが実践している問題解決の手法

MBAに見る問題解決のための教育

ビジネスには常に「問題解決」の必要性がつきまとっています。問題解決こそが、ビジネスパーソンにとっての〝仕事〟とも言えます。

そして、抱えている問題の解決ができるかできないかが、成果が出る、出ないを分けるポイントともなります。

そこで役立つのが、トップエリートたちが実践する問題解決の手法です。

ハーバード・ビジネス・スクールなどアメリカのトップMBAでも、問題解決は最重要テーマのひとつです。

ケーススタディ（事例研究）をして、インプリケーション（教訓や含意）を導き出し、それを自らの問題解決に応用する能力を身につけさせることが、MBA教育の主眼と言っていいでしょう。

アメリカのビジネススクールの講義では、知識を詰め込むよりも、事例を多く扱っていて、事例を分析し、そこからインプリケーションを導き出し、次の問題に応用できる力を養うことに力が入れられています。

そういった教育を通じて、海外のMBAを取得した人たちは事例を参考にした形での問題解決の手法を身につけ、ビジネスの場面でも、その手法を用いているのです。

ただしMBAで実践されている問題解決のエッセンスをきちんと理解しさえすれば、なにもアメリカに行かなくてもその手法のポイントはマスターできますし、実践もできるのです。

この章では、「これを身につければ、アメリカのMBAを出たエリートと同じ。いやそれ以上にもなれる！」という問題解決の手法を紹介・解説したいと思います。

自分の経験や知識だけで解決しようとしない

企業でも個人でも、困っている問題の解決策を考える際に、それまでの自分自身の経験、身につけてきた知識で、問題解決をしようとしないことが大切です。問題解決の第一の心がけは、これです。

人間は、意識していないと、自分の経験や知っている知識だけで問題解決をしようとしがちです。

しかしながら、ひとりの人間の経験や知識など、限られたものにすぎません。ひとりの人間からは、本当に効果的な解決案などなかなか出てこないものです。そもそも、自分が持っているすべての知識や経験は限られたものであり、取るに足らないものと捉えることが必要です。

限られた自分の経験と知識だけでは解決できないから、問題になっているわけですから、そこに気がつくことが大切です。

当然、自分の経験と知識だけに頼っていては、固定観念にとらわれ、思い込みによる間違いもあるでしょう。思い込みで問題解決がなかなかできなかったり、戦略を誤ってしまう可能性もあります。

問題解決の大前提として、まずは自分の経験や知識だけに頼らないということをしっかりと頭に叩き込んでください。

同様の問題を解決した別の事例は必ずある！

あなたやあなたの会社がいま直面している問題は、人類史上初めて出てきたものでしょうか？

もしかしたら極めて例外的に初めてのものもあるかもしれませんが、通常、答えはNOですね。

これまでの人類の長い長い歴史の中で、同様の問題に直面し、解決した例は、きっとほかにもあるはずです。

そう、「答えは必ずどこかにあるはずだ」とまず考えること。これが問題解決の第二の心がけです。

目の前の問題に対する解決の答えとして、参考になる事例（ケース）は、どこかに絶対あるはずだ。必ずどこかの誰かが、いま自分が困っているのと同じような問題を必ず解決している。そういう事例がきっとある。そう考えることが重要なのです。

繰り返しますが、完全に新しい問題など、そうそうあるわけではありません。まったく同じ形ではないにせよ、似たような参考となる事例は見つけられるものです。それはもしかしたら、一見すると同じような事例には見えないかもしれません。でも、違う形であっても、その参考となる事例の本質をうまく抽出することで、自分の問題解決に応用できる。そういう事例は探せば必ずあるのです。

問題解決ができない人は、それがわかっていません。だから、結果として問題解決ができない状態に陥ってしまうのです。

成功例をそのまま真似ようとするとうまくいかない

まずは同じような問題解決をした経験を持つ企業や人を探すこと。ただし事例は、異なる分野・業界・状況のものであったり、見た目はまったく異なるものであったりするので、最初は事例そのものを見つけること自体が難しいかもしれません。

また、事例を見つけても、その解決策を自社・自分のケースにそっくりそのまま適用できるわけでもありません。必要な解決策は、業種によって、環境によって、また会社の経営状況や目指すものによっても変わってくるものです。

新規事業やM&Aなどの戦略でも、セミナーなどで聞いた事例をそのまま丸ごと真似して自社に当てはめようとして、うまくいかないと嘆く人がいます。事例をそのまま真似ようとしても、うまくいきません。事例を参考にしようとしているはずなのに失敗する企業が多いのは、そのまま真似ようとしてしまうところに落とし穴があるのです。

事例が意味するインプリケーションを導き出してから、自社の事情や環境に合わせて応用するのであればよいのですが、他社、他人がやっている内容をそのまま真似てしまうからダメなんですね。

たとえば、勘違いの例としては、「成功したあの人はアメリカのMBAに行っている」と聞いて「じゃあ僕もアメリカのMBAに行きます」というパターンです。

それでは、アメリカのMBAに行くことを真似ているだけであって、自分の問題解決や目標達成のために、他人の事例を自分に応用する際のステップが踏まれていません。

日経新聞の「私の履歴書」で読んだのですが、世界的な指揮者の小澤征爾さんは、まだ無名の頃、海外のオーケストラで、メインの指揮者が何らかの事情で出られないときのために数多くの楽曲をひたすら練習していたと言います。その経験が生きて、超一流の音楽家になったわけですね。

この話を読んで、同じように指揮者を目指す人が、小澤征爾さんは海外で修行したから、「じゃあ海外に行けばいいんだ」と日本を飛び出しても、それだけではポイントがズレています。ポイントは海外に行くことではなく、小澤征爾さんの例で言えば、いつくるかわからない本番に備えて臨戦態勢で数多くの曲を練習していたという事実です。

そういう本質、インプリケーションが導き出せず、ポイントを見誤って単に海外へ行っても、一流の音楽家にはなれません。小澤征爾さんの事例から得られる教訓は海外に行くことではなく、臨戦態勢で数多くの曲を練習することなのですから、そこを真似ることが必要です。それは日本にいてもできることですし、その本質的なポイントをわからずに単に海外に行っても、小澤征爾さんのような指揮者にはなれません。

私がいま手がけているコンサルティングという仕事でも、重要なのはこの本質を導き出すとともにその方法を教えてあげることです。

MBAタイプが実践する問題解決の流れ

このような事例を参考にするMBA流の問題解決の手法と、実践する際のステップを詳しく解説していきましょう。

①現状把握と分析をする
②参考になりそうな事例を探す
③事例を要素に分解して分析する

④本質（エッセンス）や教訓（インプリケーション）を抽出する
⑤自分の問題に応用する

MBA流の問題解決の手法では、このような流れで問題解決を行っていきます。

①現状把握と分析

問題解決に際して最初にしなければならないのは、その問題の現状を把握することです。何が課題か、解決しなければならない問題は何なのかを正しく把握することが大切です。

解決したい課題は、売上や新製品開発、人事と組織など企業の課題でも、スピーチや営業、英語などの能力アップといった個人の課題でも、どちらでもOKです。それらにおいて、現状でどのような問題があるのかを、さまざまな観点から分析してみます。

たとえばある旅行会社が商品PRのためにブログを立ち上げたとき、アクセスは増えているにもかかわらず、商品の売上につながっていない……という課題を解決したいとします。

その場合は、現状のブログに関して「デザイン」「文字数」「文字の大きさ」「写真の数」「写真の大きさ」「トピックの数」「更新頻度」「コメントへの対応」「外部リンクの数」「扱いやすさ」などと要素を細かく分け、分析します。

②参考になりそうな事例を探す

続いて、問題を解決する際に参考になる事例を探し出します。

このとき大切なのは、先にも書いたように、自分が解決したい問題は世の中の誰かが必ず解決してくれているはずと考えて、一見自分の抱えている問題とは異なるように見える事例も広い視野で探してみることです。旅行会社のブログの例で言えば、旅行業界だけでなく、食品メーカー、アクセサリー販売業者といった異業種や、場合によっては個人のブログを参考にしてもいいでしょう。ともかく、自分が問題を持ったら、その問題の解決に役立ちそうな事例を探す、その姿勢がもっとも重要です。参考となる事例を幅広い視野と、情報収集力で探しましょう。

③事例を要素に分解して分析する

まずは参考になりそうな事例を探索し、発見したら、次に、その事例を要素に分けて分析します。候補の中からもっとも参考にできそうなものをいくつかピックアップし、自社のブログに行ったのと同様に要素に分けて分析を行います。

プレゼンが苦手でプレゼンの社内評価のランクを上げなければならないという問題を抱えているのであれば、プレゼンがうまいと評判の高い先輩や外部の講演者のプレゼンを聞きに行き、それを要素に分けて分析します。

その際は、最初に自分の問題の現状把握のために分析した内容と比較してみて、違いを検討します。

④本質（エッセンス）や教訓（インプリケーション）の抽出

参考事例を分析した結果から「本質（エッセンス）」「インプリケーション（教訓）」を導き出すことになります。

具体的には「要するに、どうなのか」を一般的な表現に置き換える作業です。

ポイントは、たとえば参考にした食品メーカーのブログから得られるインプリケーションは「毎日複数のトピックをアップしている」「読みやすいよう文字を大きくしている」「コメントへの対応が早い」「訪問ごとにポイントがたまる」などの分析から「ユーザーのことを意識した運営をしている」といった形になるかと思います。〝要するにどうなんだ〟ということを一般的な言い方でまとめてみるのです。

プレゼンについては、たとえば間の取り方、笑いの入れ方、話すスピードや要点の数、スライドの枚数、話す会場の設営や雰囲気作りなどの要素に分解して、分析した形となりますが、そこから、プレゼンがうまい人は「スライドのポイントや文字数を絞っている」「間の取り方が上手」「何分かに一度は笑いを入れている」「会場の温度設定に気を配っている」といったようなインプリケーションが得られ、それぞれが具体的な教訓になってくれます。

⑤自分の問題に応用する

そして最後に、導き出したインプリケーションを、解決したい問題に応用します。その際、繰り返しになりますが、参考事例をそのまま適用しようとするのではなく、インプリケーションで得たものを自社の問題に即して変化させたうえで応用することが重要です。

食品メーカーの例を旅行会社のブログに当てはめるのですから、そのまま丸ごと当てはめてもなかなかうまくいきません。業種にかかわらず一般化して活用できるエッセンスを、いま解決しようとしている問題解決に応用するステップが必要となります。

すべての問題解決は、このような流れ、ステップで行えます。

もしもこの流れでうまくいかなければ、また新しい事例を見つけてきて、分析・応用し、検証をしていきます。

中小企業の社長さんや業歴の長い会社にお勤めの方に多い例ですが、「うちの業界・会社ではこうやるものだ」「うちの業界・会社ではこういうことはやらない」と決めつけているケースがあります。それではいつまでたっても、新しいアイデアは出てきません。自分の経験や知識だけに頼らず、ほかの業界ではどうやっているのか参考になりそうな事例を探し、それを分析して本質を導き出したうえで、自分の会社の事業に応用できる考え方や手法を取り入れることで、そういった状況を打開するのです。

異業種を参考にして成功した事例としては、アメリカのＬＣＣ（格安航空会社）・サウスウエスト航空が挙げられるでしょう。

問題解決の5ステップ

- STEP 1　現状把握と分析をする
- STEP 2　参考になりそうな事例を探す
- STEP 3　事例を要素に分解して分析する
- STEP 4　本質・教訓を抽出する
- STEP 5　自分の問題に応用する

ＬＣＣはいまでこそ一般的になっていますが、かつての航空業界はとことん高級志向でした。高い価格になっても、その分「おもてなし」を重視していたのです。欧米も日本も、世界中の航空会社がそう考えていました。

サウスウエスト航空の創業者は、あるときコーヒーショップチェーンで、安くてシンプルなコーヒーを客が満足して買っていくのを見ました。この事例から「要するに、シンプルで安価なサービスを求めている顧客がいるのだ」というインプリケーションをつかみ、それを航空業界に応用した結果、ＬＣＣとしてのサウスウエスト航空がスタートしたのです。

世界のエリートは、ステップをきちんと踏んでいる

私は出会ったエリートたちについて、なぜこの人たちはどんなことでも解決策、アイデアを出せるんだろうと思っていたのですが、要するにここで紹介したような問題解決の手法を使っていたわけです。

この手法は少しめんどうなステップかもしれません。しかし、安直に真似ようとするのではなく、ステップをきちんと踏んで、そのエッセンスをつかんで、それを自分の問題解決に応用する手法を実行している人が世界のエリートには多いのです。

エリートはせっかちですが、わりと几帳面です。おおざっぱなスタンスだと問

題解決をしていけないからです。

あと、世界のエリートたちの特徴として、図式化する人も多いです。図に書き出してみると整理しやすいわけですが、そうやって、問題の現状を分析したり、要素に分けたり、事例と比較したり、問題のポイントを整理して把握しているのです。

【ケース1】TOEICの点数を上げる際にエリートのA君がとった手法

さて、それではもっと具体的に問題解決のイメージをつかめるよう、ここから3つの事例を紹介しましょう。

A君は有名大学を卒業して、大手の家電メーカーに勤務しています。

先日、上司に呼ばれ、半年後のニューヨーク支社転勤を言い渡されました。海外駐在は経験としても、将来の出世にもプラスのため、A君もこのタイミングで海外に出ることは重要だと考えました。

ただし、その人事には条件がついていました。半年の間にTOEICで730点以上を取らないと、ご破算になるというのです。

大学受験のときは英語の成績が良かったA君ですが、英語からしばらく離れていたため、その時点での点数は600点にいくかいかないかの状況となっていました。初めは独学でも時間をかければ730点は取れるだろうと思い、テキストや問題集を何冊か買ってみましたが、ちょっと待てよと立ち止まりました。

よくよく考えれば、TOEICのテストは出題傾向も内容も大学受験とは異なります。また、A君自身、大学受験をした18歳のときより年をとっており、忍耐力や問題を解く際の瞬発力が落ちていることも確実です。そのうえ日々の仕事があるので、勉強時間も思うようにはつくれません。当然、大学受験の頃の英語の知識など、すでに過去のものとなっています。

このように、大学受験当時からはさまざまな環境変化があることに、A君は自分自身を分析した結果、気づきました。

そして、独学では半年後に730点を取れる可能性が低いと判断したのです。

そこでA君は、TOEICで満点（990点）を取っている人たちがどのような勉強方法をしているか、成功している人の事例から、点数をクリアするための解決策を得ようと考えました。彼は有名大学を出たエリートであり、また、所属している部署でステップを踏んだ問題解決の経験があったため、その手法を自分個人の問題解決にも適用してみようと考えたのです。

調べてみると、ある英会話学校がTOEIC満点の講師を何人か抱えていることがわかりました。闇雲に自分で手探りでやるのではなく、彼らの経験から勉強の方法を学ぶことが問題解決になると考え、満点の講師が教壇に立つ対策セミナーに足を運んでみたのです。

その結果、TOEICで990点を取っている人たちは、むやみやたらにテキストの数を増やすのではなく、限られたテキストや公式問題集のみを繰り返し勉強し、解き方の訓練をしていることがわかりました。

また、リスニングや読解の能力を磨くため多聴多読やシャドーイングが必要であることもわかり、これについて講師はいくつかの推奨教材を紹介していました。

この満点達成者の勉強法のケーススタディからA君は、

・いくつものテキストや問題集に浮気せず、限定したテキストや公式問題集を繰り返し勉強する

・多聴多読やシャドーイングの練習が必要

というインプリケーションを導き出し、具体的にどう応用するかを考えました。

まず問題集の部分は、自分のケースに照らしても、あえて変化させずにそのま

ま適用するのが最良の方法だと判断しました。A君はすでにテキストや問題集、単語集を何冊も買い込んでいましたが、講師が挙げたテキストと公式問題集だけに絞って集中して勉強することに決めました。

つまり、過去の自分の経験や知識に依存せず、また、独自のやり方を闇雲に試行錯誤していくのではなく、うまくいっている人、つまりTOEIC満点をとった人のやり方を真似たほうが、成功確率が高いと考えたのです。

以上のことを実行した結果、A君は半年後に、730点どころか800点を取ることに成功しました。

そのおかげでニューヨーク駐在の人事も無事に決まり、出世の道を進むことができるようになったのです。

過去の経験・知識に縛られていたら失敗したはず

この事例1には2つのポイントがあります。

1つめは、参考となる事例を探し、その分析をしたこと。

2つめは、自分のそれまでの経験や知識だけに頼らなかったことです。

この事例分析をやらずに、自分は過去に有名大学に合格するくらい、英語はある程度できる人間だった、過去の大学受験の勉強法をもとにした独学の我流の勉強方法で通用するだろう、というように考えていたら、結果は散々なことになっていたでしょう。

それによって海外支社への栄転もなくなり、エリートコースから外れていたかもしれません。つまり逆を言えば、A君は問題解決の手法を知っていたことによって、その道から踏み外さず、エリート街道を進むことができたのです。

問題解決をいつまでたってもできない人は、自分の知識や経験から問題解決をしようと考えがちです。そこを出発点にしているかぎり、目の前の問題解決はできません。いくら一生懸命に努力しても、それこそ時間がもったいないです。

自分の経験や知識に縛られるのではなく、エリートが実践するような事例から得られる教訓を自分の問題解決に生かす手法をしっかり学んで、自分の仕事で実践することが大切なのです。

【ケース2】離職率を下げることに成功したBさん

ＩＴエンジニア派遣会社の管理部長のＢさんは、高い離職率を下げることが課題となっていました。毎年、多額の採用コストをかけて中途採用しているのですが、転職してしまう社員も多く、高い離職率をなんとかしろと社長から命令されました。

Ｂさんの会社は売上が50億円ほどで、社員の採用と育成に年間５０００万円かけていました。社長からは現在20％の離職率を10％に減らせれば、採用した社員の5人に1人がやめていたのを10人に1人にできる、つまり100%やめてしまったら毎年5000万円かかる採用コストが、離職率を10%減らせれば500万円浮くことになる、と言われたのです。

そんな事情もあり、社長はBさんに離職率を下げるように命じたのです。

うまくいっている会社の事例を分析

実はBさん、前職の外資系ITコンサルティング会社時代にたまたまアメリカのMBAに留学した経験がありました。その後、海外出張が多過ぎることを避けて、この中堅企業に転職したのです。

そのBさんは離職率を10%に下げる問題解決をするにあたって、かつてMBAで学んだように、事例を探して分析をすることにしました。自分が今までいた会社のやり方や前職の外資系コンサルティング会社のやり方ではなく、離職率を低くし、社員の帰属意識を高めることに成功した会社を何社かピックアップすることから始めました。

その中から自社の問題に近いX社を分析してみました。

X社は派遣しているITエンジニアの100人を5人ずつユニットに分けて、それぞれにユニット長を置いていました。通常のITエンジニア派遣会社は、帰社日は月1回が多いのですが、X社ではユニットごとに通常の帰社日とは別に、月にもう1回は集まるように指導していました。しかもその集会では、飲み会を開催するようにユニット長に指示が出ており、その費用はすべて会社が負担していました。

さらに分析してみると、会社行事として社員旅行や新年会などを年間を通して四半期ごとに1回企画・開催していることもわかりました。しかも社員旅行では、会社の費用負担でダンスショーなどのオプションがついていたり、新年会では社長のポケットマネーからお年玉が出ていたりして、その会社に所属していないと体験できない要素が盛り込まれていました。

こうしてX社の事例分析から、月2回、会社の費用負担であっても社員同士がコミュニケーションをとる場を作っていることや、年間を通じて4回くらいはイベントを開催していることで、社員の愛社精神を高めていることがわかりました。

そこから、会社が何かしら社員のために、お金を使って、給料プラスアルファのことをしている、少なくとも、社員にそう思ってもらえることを年間通じて行っているというインプリケーションを導き出しました。

離職率低下のコストメリットも勘案

そこでBさんは、10%離職率を下げれば500万円浮くことはわかっていたので、この500万円の半分の250万円を使って対策を講じることにしました。

X社の事例では、社員が給料プラスアルファの何かをもらっている気持ちになると、帰属意識が高まって離職率が下がることがわかりました。

ＢさんはアメリカのＭＢＡ取得者だったので、本質を導き出すことが上手でした。単にＸ社はお金を使っているという事象を真似るのではなく、何かしら会社が少しでも費用を負担して社員のためになることをやっていると「見せる」ことが大切というインプリケーションを導き出していたわけですが、それを自社の状況に合わせて応用し、実践したのです。

多くの人々は、Ｘ社は飲み会が全額会社負担だから、自分の会社も飲み会全額会社負担にすれば帰属意識が高まって離職率が下がるだろうと、単純に猿真似してしまいがちです。

その結果、経費を使いすぎたにもかかわらず、うまくいかなくて「お前はなにやっているんだ」と怒られ、問題解決ができないままという状態になります。

一方、Ｂさんは会社が何かしら少しでもお金を出して、社員にいい会社だなと思わせるようにすればいい、会社がプラスアルファをやってくれるんだと見せ続けることが大切だという本質を導き出していました。

Bさんは、自社では全額負担はしないけれど、少しのプラスアルファ、会社がお金を出して社員のためになることをやっていると、見せることを実行しました。たとえばBさんはX社の事例分析を通して、自分の会社は社員旅行を企画してくれる会社なんだとわかるだけで、社員旅行に参加しない人の満足度も高まることを発見しました。だから、250万円の予算内で、参加希望者だけの社員旅行を企画し、費用については、半額だけ補助するようにしました。

また、余った予算を使用し、呑み会や冠婚葬祭に関する費用の会社補助を一部支給することにしたのです。

これらを実行した結果、1年後には離職率を10%に抑えることができました。Bさんは管理部長として費用250万円でそれを実行でき、実質的に年間250万円の利益を会社にもたらしたことで、その成果によって、執行役員経営管理本部長に昇格しました。

【ケース3】年間5品目以上の新商品開発を達成したCさん

ある上場菓子メーカーで商品開発部長のCさんは、経営陣から「今期は1年間で5個の新しい商品を出せ」という課題を出されました。

それまでは平均して年間2個しか新商品を出せていなかったため、5個という数字は高いハードルです。Cさんは同社での長年の経験から解決方法を模索しますが、自分の経験だけでは確実性が低いと感じました。

そこでCさんは、家庭用品、文具、食品など他業種も含めて新商品を常に年間5個以上リリースしている会社をピックアップし、その中で自社の規模や経営方針に近いと感じた文具メーカーY社を事例として選定しました。

調べていくと、Y社は商品に使う素材を自社開発せず、外部とのアライアンス（事業提携）で提供してもらっていることがわかりました。

Cさんの会社は自前主義が強く、原料すべてを自社開発しようとしていたので、商品を1つ開発するのに時間がかかっていたのです。

Cさんは Y社の分析から、外部とのアライアンスという手法を使うというインプリケーションを得ました。

それを応用し、菓子の原料となるものを作っている会社や、特色ある作物を生産する地方の農家などと組めば、年間5個の新商品開発も可能になると考えました。

その方法を実行すると、「5つなんてムリだ、達成できない」と愚痴ばかりこぼしていた部下たちも現実味が出てきたのでやる気を出し、能動的に動くようになりました。

そして結果的に、1年後には通期で5個どころか6個の新商品のリリースに成功。Cさんはその功績を認められ、数年後に執行役員に昇格し、商品開発本部全体を統括するようになりました。

共通するMBA流の問題解決の手法

ここで紹介した3つの事例は、いずれも

①自分・自社のそれまでの経験や知識で解決しようとせず、

②参考にできる事例を見つけて分析し、

③そこから得たインプリケーションを自分・自社の課題に応用する。

という考え方で、問題解決を成功させています。

その柱となる手順をもう一度振り返ると、

①現状把握と分析→②参考になりそうな事例の探索→③事例を要素に分けて分析→④一般的な表現での本質・教訓の抽出→⑤自分の問題への応用

となります。

この手法は前述の通りトップエリートたちがMBAで学ぶものですが、手法のエッセンスさえ理解すれば、海外のビジネススクールで学んでいないあなたでも自分の問題解決に十分役立てることができるのです。

現状把握と分析、インプリケーションの抽出の重要性はすでに解説しましたが、ここで取り上げるのは最後の「応用」の重要性です。

この場合の「応用」とは、現状把握・分析でインプットしたものを現実に実行に移す、すなわち「アウトプット」です。

日本人はアウトプットに際してヘジテイトしてしまう（ためらってしまう）人が多いです。問題解決に照らして言うと、せっかく調べて分析し、インプリケーションも導き出したのに、それを実行に移す（アウトプットする）人が少ないということでもあります。

問題解決は、現状把握・分析のうえで導き出したインプリケーションを、最終的に応用して実行に移さなければ、けっして実現しません。

たとえば、営業ができない人はなぜ営業ができないのかの分析も大切ですが、そもそもこなしている営業の数が少ないのです。スピーチがうまくいかない人も、せっかくの講演の機会を断ったりして、スピーチの絶対的な場数が足りないのです。

アウトプットとは実行に移すこと。営業に出ることも、スピーチを行うこともアウトプットです。

いくら「上手な営業の方法」「うまい話し方」のノウハウを情報としてインプットしても、アウトプットをしないままでは、それこそ百万年やっていても成果は出ませんし、問題解決もできないのです。

問題解決に失敗するパターン

改めて、問題解決できないケースを分析してみると、問題解決に失敗するパターンは、大きく分けて次の３つがあります。

●パターン１

ここまで紹介した問題解決の方法の重要性がわからず、まったく試していない

日本において結果を出せていない人は、「現状把握↓参考事例の探索↓参考事例の分析↓インプリケーションの抽出↓応用」という方法を実行していない場合がほとんどです。

その方法をまったく知らないか、あるいは本などで読んで知っていたとしても、一般社会においてこの方法が重要だと考えていないわけです。

●パターン2

重要性はわかっているが、分析ができない、あるいは分析をしても本質をとらえられず、インプリケーションを抽出できない

重要だとわかっていても、参考事例をどうやって分析すればいいかがわからない。仮に分析はできたとしても、その事例がうまくいっている本質を見つけられず、一般的な表現に置き換えてインプリケーションを導き出すことができないという人も多くいます。

●パターン3

分析やインプリケーションの抽出はできるが、応用ができない

理数系出身の人など、分析は得意という人は多いのです。

さまざまな項目を挙げてロジカルに分析し、Ｅｘｃｅｌなどに詳細にわたってまとめることはできるのですが、そこから得られたインプリケーションを自分・自社の問題解決に応用できないケースがこのパターンです。このケースは、アウトプット（実行）の絶対数が足りないと言っていいでしょう。

このほか、応用に際して、エッセンスを応用しようとせず、そのまま真似たために失敗してしまうパターンもあります。先にも述べましたように、参考にした他社の成功事例をそのまま自社に当てはめようとしてもダメなのです。

分析の結果得たインプリケーションが「情報発信が必要」であった場合、あの会社はブログでの情報発信で成功したからわが社もブログを立ち上げよう……ではうまくいくはずがありません。

ブログという情報発信の形があなたの業種・業態に向いているのか、しっかり検討してから応用する必要があるのです。事例研究をしてもうまくいかないという場合、そのまま真似ようとだけしてしまっていることがほとんどです。

もしかしたらあなたの会社の場合はメルマガとかフェイスブックが向いているかもしれませんし、あるいはセミナーの開催や展示会への出展という情報発信の手段が適しているかもしれないのです。

あなたが参考にしてインプリケーションを導き出した事例が、あなたのケースにとってもっとも適しているかどうかは、実行（アウトプット）してみなければわかりません。当然、実行してみた結果、これは適当ではなかったということもあるわけです。

ＰＤＣＡ（Plan＝計画、Do＝実行、Check＝評価、Act＝改善）という考え方がありますが、この問題解決手法を実行したときも、ＰＤＣＡのサイクルに則って検証することが効果的です。

実行してみて、ではどうだったのかをＰＤＣＡで検証する。うまくいっていればそれでいいのですが、効果が出ていなければ、別の事例や別の応用方法で問題解決に取り組んでみればいいでしょう。

同じやり方にいつまでもこだわらず、検証して、見直す必要があればアジャイル（Agile）に（猫のように俊敏に）、すばやく方向転換することが必要です。ＰＤＣで終わらず、最後のＡを大切にしましょう。

苦手な部分は他者に任せる

トップエリートは、「分析」「インプリケーション抽出」「応用」の3つすべてをきちんとできるケースが多いです。

とはいえ、分析はできるけどインプリケーション抽出ができない、あるいは分析とインプリケーション抽出はできるけど応用ができないという人もいます。一番最初の分析が不得意という人もいます。

人間、万能ではありません。トップビジネススクールでMBAを取得した人が、この3つのすべてが得意というわけではなく、3つのうちのどれかが苦手ということもあるのです。

では、その場合はどうしたらいいでしょう。

3つのすべてをこなせなければ成果は出せませんが、3つのすべてを自分一人でこなす必要はないと考えるのです。

どれかの力がどうしても欠けているという場合は、その部分だけ外部にお願いすればいいでしょう。自分の苦手な部分が得意な人とアライアンスを組むわけです。

エリートは、自分の得意・不得意をきちんと把握しています。得意でない分野を克服するにはどうしたらいいかもわかっています。ですから、3つのどれかが苦手というエリートは、そこが得意な人と組んで仕事をしているのです。個人レベルでも強みと弱みを相互補完するようなアライアンスを組み、外部を活用することができるのが、実はエリートの特徴なのです。

ダメな人は、苦手なことでも自分一人でやろうとします。エリートの仕事術に倣うなら、弱い部分を補ってくれる人を外に探して、組むのが正しい行動です。

自分の知識や経験、自分一人の力だけでどうにかしようとしている人は、やっぱりエリートではありません。そんな努力は百万年やったって成功には結びつかない。それこそ時間のムダです。

アウトプットが新しい発想を生む

繰り返しになりますが、ビジネス書をたくさん読んだり、セミナーをいろいろ聴いたりしても結果の出せない人は、脳にインプットをするだけで、アウトプットをしていないのです。

学んだことは実践してみなければ身につきません。いくら脳にインプットしても、アウトプットなしでは行動の定型として書き込まれず、ただ記憶の彼方に消え去るのみなのです。

実は、インプットしたものとアウトプットしたものが組み合わされることで、新しい発想も生まれてきます。

「量は質に転化する」と書きましたが、とにかく、インプットもアウトプットも量が大切です。私もコンサルタントとして、日々圧倒的な数のインプットとアウトプットをこなしているのです。

ですから、問題解決についても、事例分析、一般化、応用という各過程をとにかくたくさんこなすことで、問題解決に向けた発想力が磨かれ、短時間で新しいものを生み出せるようになっていくのです。

思わぬアイデアを発想できる、新しいものを生み出せるのは、要はクリエイティブということです。そして現在はクリエイティブさ、何か新しいものを創り出せるか否かが勝負を決める時代にもなってきています。

勉強を死ぬほど一生懸命していても、そこからアウトプットをしていなければ、応用力が鍛えられません。だから、成果を生み出せず、「その他大勢」になってしまうんですね。

問題解決をしたければ、インプットの量を増やしながらアウトプットの量も増やして、どうかクリエイティブ・クラスを目指してください。

個人の得意不得意もアライアンスでカバー

繰り返しになりますが、成功しているトップエリートでも、3つの手法を実践できていない人が、たまにいます。

これらのエリートは、自分の強みと弱みを分析し、その弱みを補ってくれる人と組んで仕事をすることで、ビジネスを成功させています。その補助してくれる存在は外部の人であったり、部下であったり、上司であったり、人それぞれですが、いずれにせよ、自分の弱みを正しく把握していないかぎり、このような対処はできません。

そのため、外部にコンサルティングを依頼する人には、高学歴なエリートが多いです。私のコンサルティング先の方々を見てもそう思います。トップレベルの大学を出てＭＢＡを持っていたり、かつて外資系のコンサルティングファームや投資銀行にいたりしたエリートは、わざわざコンサルティングを頼まなくてもいいじゃないかと素人目には考えがちですが、そういう人ほど、コンサルティング・サービスを活用することが多いのです。

なぜなら、そういう人のほうが、自分に足りないものをわかっているので、お金を払ってでも、弱点の補強をしっかりやっているわけです。自分の苦手な部分は、そのほうが効率が良いということもわかっているわけです。

うまくいかない人、成果が出せていない人ほど、全部一人でやろうとしていることが多いのではないでしょうか。世界のトップエリートたちは実はアライアンスを個人でも行っています。

余談ですが、私は事業提携（アライアンス）の専門家として、普段は企業と企業をつなぐ仕事をしていますが、今回の本を書いてみて、個人と個人、人生や仕事においても、アライアンスという観点が重要だということを改めて実感しました。

第5章

その他大勢から抜け出すコミュニケーションのコツ

キャラクターの「愛嬌力」は大事

「その他大勢」から抜け出し、重要な人物に自分のことを覚えてもらったり、「この人と一緒にビジネスをしたい！」と思ってもらったりするためには、まずコミュニケーションの方法を変えていき、工夫することが重要です。

この章ではエリートが実践しているコミュニケーション術を紹介していきましょう。

まず「愛嬌力」の大切さです。つまり、アウトゴーイング（外向的）な、外向きで明るい性格は必須です。

常ににこやかに、堂々と自分を売り込む。この姿勢がアメリカでも日本でもコミュニケーションに大いに役立っていることは私自身が実感しています。

日本人は身ぶり手ぶりをうまく使える人が少ないのですが、私はよく使います。この身ぶり手ぶりは、もちろんコミュニケーションにおいてもきわめて効果的です。

最近では滝川クリステルさんの「おもてなし」が話題になり、2013年の流行語大賞にも選ばれました。あれも一種の身ぶり手ぶり効果ですね。

この事例を見れば、東京五輪の招致でも実際に成果が出ている方法だということがハッキリわかります。

身ぶり手ぶりを活用しないよりも、活用しているほうが、日本では「キャラが立つ」ことは間違いありません。

そしてそれはそのまま愛嬌力にもつながっていくでしょう。

愛嬌力は、コミュニケーションの場面を想定すると、かなり大切だと私は感じています。そして、アウトゴーイングなことは、ひとつの大切な要素です。

服装でもイメージを作って、印象を大切に

「雰囲気8割・内容2割」と前にも書きましたが、私の実体験から得た教訓として、「人は印象で物事を判断する」傾向があるのは間違いないところだと思います。

そのため、営業で他社を訪問するときはもちろん、人と会うときや、セミナー・講演会などでも、イメージの打ち出し方には細心の注意を払うべきでしょう。

服装に関しては、先述したようにアメリカ東海岸のトップエリートは保守的な層が多いため基本的にキチッとしているのですが、反対に西海岸ではかなり自由な風潮も見られます。

そのように同じエリート層といっても違いがありますが、営業職の場合、基本的には平均よりキチッとしているほうが、していないよりも印象はいいでしょう。

私はネクタイをする、しない、ジャケットを着る、着ないなど、服装で迷う局面では、堅めのほうを選ぶようにしています。

また、営業職の人が派手な模様のネクタイやロックミュージシャンのような髪型など、尖った個性的な格好をしているのは考えものだと思います。とくに髪型はおとなしめにしておくのがいいということは、ブラウン・ブラザーズでも教えられました。

とりわけ日本においては「営業の外見に関してはあくまで万人ウケを狙え」がポイントです。営業は何より「相手にペケをつけられないように」という心がけが大事でしょう。

ただし、TPOに合わせて格好を変えるのはいいことだと思います。私の場合は交流会に出るときは少し派手めのネクタイを締めていきますし、華やかな場ではネクタイとポケットチーフの色の組み合わせをやや派手なものにしています。

服装に関してひとつ有効なテクニックを伝授しましょう。

それは「自分のテーマカラー」を決めることです。

たとえばテーマカラーを赤色だと決めたら、いついかなるときでも、赤色あるいはそれに準じる色をネクタイなどの中に入れておきます。

色のイメージがあることで相手はあなたを覚えやすくなりますし、いつしか赤色を見ると、あなたのことを思い出してくれるようにもなるでしょう。

たとえば、カレーチェーンのカレーハウスＣｏＣｏ壱番屋の創業者である宗次徳二さんはいつも黄色のネクタイをされていますし、ミドリムシ事業で東証マザーズ上場を達成したユーグレナの出雲充さんは、いつも緑色のネクタイをされていますね。

成果を上げる名刺交換のコツ

今でも、毎月200〜300枚の名刺交換をしています。この7年間では約7500枚の名刺を交換しました。これまでの人生で交換した全名刺数となると、いったい何枚になるでしょうか。

名刺の渡し方にはコツがあります。勢いがあるように、シュッと出すことです。また、受け取った相手の名刺を見て、必ず何か話題を考え、質問するようにしています。

日本人は不要なことを尋ねたり、聞かれてもいないことを進んで話したりするのを控えがちな民族です。いわゆる「謙譲の美徳」でもあるのですが、名刺交換というせっかく知り合えた場面で、控えめにしていても意味がありません。私は自分のことをどんどんと話しますし、まるで10年前からの知り合いのように親しげに話すことも心がけています。

覚えてもらうまで何度も名刺を渡せ

ところで、私は以前会ったことのある人にもう1度名刺を渡すことがあります。というより、名刺は相手に覚えてもらえるまで何度でも渡すことをモットーにしています。

自分が相当な有名人でないかぎり、1度会っただけではなかなか覚えてもらえません。2度、3度と渡しているうちに、やっと覚えてもらえるのが実情でしょう。

それでもときどき、「冨田さん、以前にも名刺交換しましたよ」と言われることがあります。これはこれで、相手が私のことを覚えてくれていることを確認できたので、それで良しとします。

名刺自体もこちらのことがもっとも効果的に伝わるように、記載内容やデザインなどを常に改良、ブラッシュアップしましょう。私などは、1カ月に1〜2度、デザインや記載内容などを変更することがあるくらいです。

相手の記憶に残りやすく、かつ自分のビジネスに関する情報なども効果的に掲載した名刺づくりをオススメします。

交流会を徹底的に活用する

ビジネスの基本は「人と会うこと」です。

すでに付き合いのある既存顧客と会って話をすることももちろん大切なのですが、ビジネスの幅を広げるには、新しい人とどんどん会っていく必要があるでしょう。

これは営業の仕事をしている人にかぎりません。企画系や技術開発系など、どんな職種でも、人と会って人脈を広げることがビジネスにおいては大事なのです。

活用してみていただきたいのが交流会です。

交流会は、まだ人脈もスキルもたいして持っていない駆け出しの営業が行く場だ、などという誤ったイメージがあるかもしれません。

とんでもない話です。実際、私も交流会には頻繁に足を運びます。毎月300枚の名刺を交換し、コンサルティングの仕事をしている関係から多くの人脈をすでに持っている私ですが、それでも交流会は有用なのです。

交流会に積極的に参加するようになって、リーマン・ショック後の不況の中でもコンサルティング事業の売上を数倍に拡大できました。

ましてや、これからエリートの仕事術を参考にして活躍の場を広げたいと考えている本書の読者にとっては、ビジネスの基本である「人と会うこと」を手軽に実践できる最高の場だとも言えるでしょう。

交流会の参加者はみんな新しい出会いを求めてきているわけですから、業種や年齢の垣根を超えたさまざまな分野の人たちと効率的に知り合うことができ、有益な情報交換も可能になるのです。

ひと口に交流会と言ってもさまざまなタイプがあります。

一般的なビジネス交流会、セミナーや講演会と併せて行われる交流会のほか、大学や高校などの同窓会、個人主催の朝食会・ランチ会・ディナーパーティーなども出会いを期待できる交流会と言っていいでしょう。同じ出身地の人が集まる会合も、同郷ということでシンパシーを持ちやすく、思わぬビジネスに発展することがあります。

交流会は自己アピールの場

交流会は多くの人と新たに知り合うことができる場ですが、同時に「自分の強みをアピールできる場」でもあることを認識しましょう。

さまざまな交流会に積極的に顔を出し、名刺を手裏剣のようにパパパッと配って、遠慮せずに自分のことを一生懸命話します。

交流会での名刺交換の時間はかぎられている、と割り切ることが大切です。せっかく交流会にきたのですから、ひとりの人とその場で長時間話すよりも、なるべく多くの人と出会って名刺を交換することを優先すべきなんです。

ですから、その短い時間に自分をいかにアピールできるかがまずは勝負です。もしも話がはずみ、ビジネスの話に発展しそうな手応えを感じたら、その場ですぐ次に会うアポを取ってしまいましょう。短い時間で話しきれなかったことは、改めて顔を合わせたときにとことん話せばいいのです。

交流会時の自己アピールのための心構えとしては、やはり何より自分の強いところを徹底的に打ち出し、相手に「この人と付き合えばビジネスでメリットがあるかもしれない」と思わせることです。

重要なのは、とにかく言葉を口に出すこと。自分だけがしゃべってしまうというくらいの勢いでもいいと思います。

むしろ黙ってただニコニコしている、日本人の間で美徳とされてきた「無言実行」が、現代のビジネスでは一番ダメなんです。

海外から見て「日本人はストレンジ（Strange）だ」とよく言われるのも、日本人の多くが進んで話そうとしないからです。

私の考えとしては、日本人はむしろ「しゃべりすぎ」ぐらいを意識しておいたほうがいいのではないでしょうか。

自己アピールの練習・準備をする

名刺交換などの場でいきなり自分の強みをアピールしようとしても、慣れないとなかなか難しいでしょう。

ですから、アピールすべきポイントや自分が今後やりたいことなどは常に用意しておくのがベストです。紙に書き出して、交流会の前に暗記したり、話す練習をしておくくらいの心構えでもいいかもしれません。

私など、交流会に参加するときにかぎらず、やりたいことはいつでも30個ぐらいすぐに出てくるよう常に考えています。

この心がけひとつでも、相手に自分への興味を持ってもらえるので、ビジネスチャンスはグンと広がっていくのです。30個もあれば、そのなかのひとつやふたつに相手が飛びついてくる可能性は高くなるでしょう。

この用意があるとないとでは大違いです。

たとえば多忙な著名人と、エレベーターでたまたま一緒になったとしましょう。エレベーターに乗っている時間など、ごくわずかです。高層階の移動であってても20秒か30秒そこらでしょう。

そんな場合でも、ただニコニコと挨拶するだけではもったいない。アピールしたいことを常に用意してさえおけば、わずかな時間に自分の強みを効果的に伝えて、相手の記憶に残るようにすることも可能なのです。

ネットワーキングを大切にするイタリア人たち

私は上海交通大学にいたとき、ほとんどイタリア人とばかり過ごしていました。イギリスにいたときはスイス人とばかりでした。海外にいるときは、私は日本人とはあまり一緒にいませんでした。

基本的にイタリア人はネットワーキングを大切にします。飲み会とか食事とか、そういうアレンジメントがイタリア人は得意なので、日本人といるよりも、刺激的な毎日を過ごすことができました。

なお蛇足ですが、イタリア人は思いっきりがいいですね。後腐れなく物事を考えています。留学しているのに、勝手に中国の会社に就職を決めてきた人もいました。

多様な人との交わりが新展開を生む

私はブラウン・ブラザーズで働いた経験や、ペンシルバニア大学、上海交通大学で研究・講師の経験をしたことで、多国籍の人たちとの交流ができました。問題解決のところでも書きましたが、ひとりでは知識や経験も限られていますし、思い込みや勘違いなどもありますから、いいアイデアはそうそう出てくるものではありません。

ビジネスには、人との交わりから生じるアイデアが必須なのです！

しかも、相手が日本人でなく外国の人であれば、日本人的価値観や視野からはなかなか生まれてこない斬新なアイデアをもたらしてくれることもよくあります。

異質な人や異質な文化との交わりから新しいものが生まれる、そう言い切ってしまっても過言ではないでしょう。

そのためにも、機会を見つけて多国籍の人と交わり、マルチ・ナショナルを常に意識しておくことです。

もちろん相手が日本人であっても、他業種であったり、自分とまったく異なる経歴を歩んできた人だったり、あるいは年齢・世代が異なる人の場合は、自分ひとりの狭い知識や経験からは思いつかないアイデアを着想するきっかけになります。

問題解決のところでも、参考事例を他業種に求めることの重要性を書きました。サウスウエスト航空の例を出しましたが、廉価なコーヒーショップの店頭で革新的な航空事業のヒントを思いつくことだってあるのです！　大事なのは、誰かと出会ったときに、そこから必ず何かを吸収し、ビジネスにつなげようという心がけでしょう。

せっかく新しい人と出会っても、その出会いをビジネスにつなげられる人とつなげられない人がいます。

自分の殻を破れず積極的な自己アピールができない、「何かあったらご連絡ください」のように内容が具体的でなくあいまい、その場でアポ設定ができず「ではいつか機会があれば」で済ませてしまう……これでは、せっかくのチャンスを活かすことができません。

異質な人と付き合うようにする

異質な人、異質な組織、異なる文化の人との交わりは大切です。

日本だろうが海外だろうが、異質な世界との交わりを持つべきです。いつまでも同質のカルチャーにいたら、グローバルな感覚は身につけられません。

実際、現代に限らず、高度経済成長期のサラリーマンでも、その後偉くなった人は異質な世界を経験している人が多いのです。

異質な人・組織・文化との交わりが大切

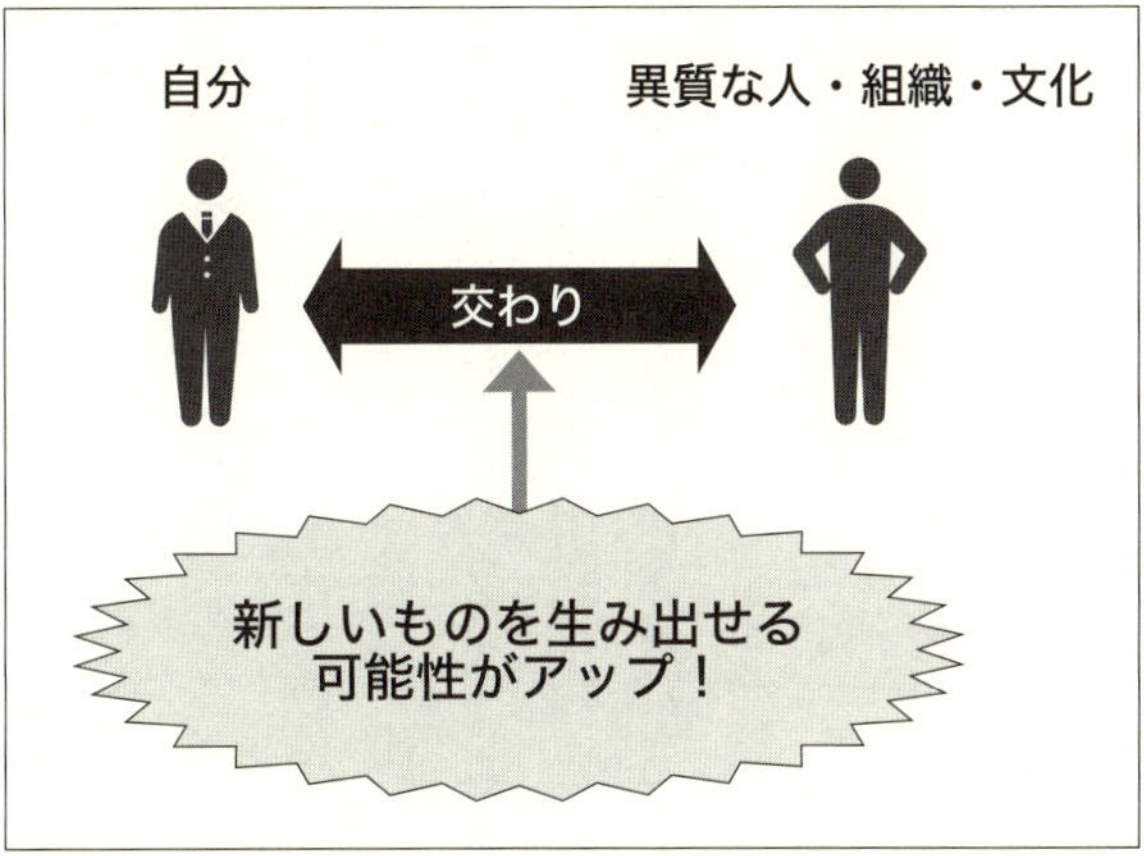

労働組合幹部を経験していたり、海外の駐在経験があったり、異質なものに触れているときに同業種だけでなく、他業種の人とも一緒になって横のつながりを持っていました。若手時代に旧大蔵省や旧通産省に出向していた大企業の社長も多いのですが、そのとき、官僚や他業種の人とも交流していたりします。

問題解決の章で解説した方法にも通じますが、他業種のやり方を自分のところに持ってきて展開する方法は、実は新規事業の展開としては成功率が高いものなのです。新規事業だからといってまったく新しいものを考える必要はなく、他の会社や他業種で行われていることを参考にして、いい意味で真似れば良いのです。

新製品ならちょっとだけどこかをよくして発売するなど、性能なのか価格なのか対応力なのか、どこかで強みを出して新しいものを作れば良いのです。

これは学者も同じです。ノーベル賞を取った学者も、他の学術分野で行われている研究手法を自分の分野に応用して結果を出した人がけっこう多いのです。

異なる業界、異なる会社、異質な文化の人との接点を増やすと、新しいものを生み出せる可能性が高まります。これは私だけが提唱しているわけではなく、かつて大ベストセラーになった『コア・コンピタンス経営』のゲイリー・ハメル氏とC・K・プラハラード氏も言っています。

辞めた会社の人とも付き合いを続ける

ビジネスは「人と会うこと」が基本ですから、すでに持っている人脈をムダに捨ててしまうことは考えものです。

よく、転職をした人が「以前の会社の人とはいっさい付き合わないようにしている」などと広言していることがありますが、それはもったいない話です。

なぜそんなにもったいないことをするのでしょうか！

何年もの間所属していた会社なら、ある程度の人脈はすでに築かれていることでしょう。たとえ短い期間だったとしても、一時期、同じ会社、組織にいれば、何人かは親しく話せる知り合いができているはずです。

ビジネスはいつ、どこで、どのようにチャンスがやってくるかわかりません。

もしかしたら、以前の会社やバイト先でつくった人脈から、ある日突然ビジネスチャンスが舞い込むことだってあり得るのです。その人から直接仕事の話がこないとしても、たまたま別の会社の有力者と知り合いであったり、あなたのいまの仕事にマッチする人脈を抱えているかもしれません。

日々顔を合わせているときはタイミングで話題が出てこなかっただけで、実はとんでもない人脈の宝庫を、かつての同僚が持っている可能性だってあるのです！

もし何らかの気まずい事情で会社を辞めたような場合であっても、その会社の人すべてと顔を合わせるのがイヤだというわけでもないでしょう。なかには、辞めたあとでもあなたとの関係を続けたいという人がいるかもしれません。

ですから、「辞めた会社の人とは付き合わない」と決めてかかることは、けっして勧められることではないのです。

もちろん、もはやまったく縁がないと判断できる場合は、ムリに連絡を続けることはありません。あなたもそれは割り切って、いつまでもこだわらず、新しい人脈づくりのほうに時間をかけたほうが得策でしょう。

でも何らかの可能性があるのなら、一度つくった人脈は、よほどの不都合がないかぎり、時折コンタクトしてみるのも意味があることだと思います。

雑談力＝ビジネス力

しゃべることは、アウトプットです。アウトプットの重要性はここまでにも繰り返し書いてきました。

しゃべることがアウトプットであるわけですが、しゃべることは、ビジネスにとって、非常に重要だということです。

ビジネスの内容と直接的には関わらないおしゃべり、いわゆる雑談も、ないがしろにしてはいけません。

いえ、むしろ私は、「雑談力」は「ビジネス力」だとすら考えています。

私も、雑談としていろいろなことをベラベラとよく話します。

会議の合間や、飲み会、エレベーターの中、あるいはゴルフコンペのラウンド中も、常に雑談をするよう心がけています。

相手に入るスキを与えず、というと大げさですが、気がつくと自分ばかりがずっと話し続けていることもしばしばで、反省することも多いですが、それでも、多少の失敗にはめげずに、しゃべり続けています。

私がそれだけいろいろな話題を話し続けられるのは、常にさまざまな情報を仕入れているから、すなわちインプットしているからです。

当たり前の話ですが、情報をインプットしていなければアウトプットすることもできません。しかも、インプットしている情報がひとつの分野に限られていたら、話題がほかの分野に移った瞬間にアウトプットすることもできなくなってしまいます。

そのため、私は、分野を自分から限定せず、日々多彩な情報をインプットしています。

そして、雑談としてこちらからいろいろと話すことで、相手もそれに応じて雑談的な情報を提供してくれます。

仕入れた情報をあえて雑談で口に出してみることで、相手の反応によってその情報が確かなことかわかる場合もあります。言うまでもなく、その雑談からビジネスの話が始まることだってあるでしょう。

ですから、「雑談力」は「ビジネス力」なのです。

インプットする情報が多ければ、アウトプットできる情報も増え、それがビジネスにいい影響を与える。銀座の高級クラブのママや老舗料亭のおカミはどんな話題でもうまく切り盛りして対処すると言われますよね。どんな話をしても、それにうまく返したり、情報を付け加えてくれたり、あるいは思いがけない方向に話を広げたりします。この柔軟な雑談力が、ビジネスに役立たないはずはありません！

好奇心の幅を広げる

雑談力にもつながってくる話ですが、インプットの際に気をつけたいのは、好奇心の幅を広げて持つということです。

ビジネスパーソンたるもの、自分の専門分野だけでなく幅広いことに好奇心を持ち、常に情報を集める姿勢が大切なんです。

好奇心の範囲が狭い人は、仕入れる情報にも偏りが生まれるため、成果を出せません。ですから専門知識ではなく、さまざまな分野に興味を持ちましょう。そもそも、近視眼的になると新しいアイデアは出にくくなってしまいます。

私も多彩な物事に広く興味を持ち、情報をインプットするように努力していきます。それぞれをすべて深く掘り下げるわけではないですが、単なる「広く浅く」でもありません。どの分野であっても土地勘がわかる程度の情報はインプットし、それを雑談で進んでアウトプットしているのです。

たとえば私はITがそれほど得意なわけではなく、専門的な技術もわかるわけではないのですが、いま話題になっているITの新技術について通り一遍の情報はインプットしています。

そのように多様な情報にキャッチアップしているのだという姿勢を見せるだけでも、ビジネスの場では信頼感を生むことができます。

ビールは0・2秒でつげ

私は冗談で「ビールは0・2秒でつげ！」なんて言ったりすることもあります。

飲み会や交流会の席で、相手のコップのビールがなくなっていたら、すぐにビンを手にとってビールをつぎたします。このようなことはちょっとした心配りですが、最近の若手ビジネスパーソンは、ぼーっとしていて、気を配らないことが多いように見受けられます。

もちろん、アメリカでは、コショウやシロップといった調味料、ビールやワインといった飲料なども、相手が飲みたい分だけ、飲みたいように「up to you (him/her)」でゆだねて、強制しないことが基本です。

しかし、日本においては、ビールをつぐ、アメリカでも、相手が何か料理を取りたいと思っているようなら、すぐにお皿をパスする……といった心配りは大切なことなのです。

そういった、ちょっとした心がけを普段、ちゃんとしているでしょうか？

もししていないとしたら、今後、ちょっとしたことでも、バカにせず、心を配ってみてください。そうすることで違った世界が見えてくるはずです。

古くさい日本の商習慣だと軽視してはいけません。本書で紹介しているように、そういったちょっとした気配りがきちんとできることが、世界のエリートに近づくことになり、彼らも大切にしていることだとわかっていただけたらと思います。

「サンドイッチ話法」を活用する!

ビジネスの場面では、言いにくいことを指摘しなければならないことはどうしてもあります。部下への指摘や取引先への要望、上司への反論などです。

やはり、反論する人は基本的に好まれないものです。ただし本当に力のある上司は、反論してくれることを望んでいたりします。常にイエスマンの人は、チェック機能になりませんし、自分にとって新しい情報源にならないので嫌なんです。とはいえ、そんな上司でも、真っ向から反論されると嫌なものです。

だから、反論の仕方が重要なのです。

私は昔からハッキリ意見を言うタイプでしたし、あまりに真っ向から反論したことで、ブラウン・ブラザーズ時代の上司に冨田は1ヶ月間、意見を言わなくていいとすごく怒られたこともあります。

この怒られた経験をもとに、私はその後、まずはオウム返しで相手の意見を認めるようにしました。そして反論は、基本的に疑問形にするようにしました。英語でも、I think that と直接的に言わず、意見を述べるときは質問形で「Why don't you think（なぜそう思わないのですか）」といった言葉を使って婉曲的に言うように心がけています。

さらにコミュニケーションの手法、テクニックのひとつとして、「サンドイッチ話法」というものがあります。これは、アメリカではよく使われ、英語のドラマなどを見ていても、会話の中に登場する話法です。

「サンドイッチ話法」とは、相手に何かを指摘する際、最初にまず、相手の良いところや議題の良い部分を褒めて、持ち上げて、その上で、ちょっと悪い話題となるような問題点の指摘や改善の要望をして、そして最後にもう一度、相手の良い部分や今後の良い展望の話をして、悪い部分を良い話題で挟む、というものです。

これは、部下に何かを指摘して改善を促したり、取引先に、何か言いにくいことを伝えて、こちらの要望を通してもらうときなどに用いると良い話法です。

この「サンドイッチ話法」も駆使して、エリートは言いにくいことを相手に伝えたり、指摘したり、反論するように心がけています。

みなさんも言いにくいことは、プラスの褒め言葉でサンドイッチするようにして、相手に伝えるという話法をぜひ使ってみてください。

交渉の第一の基本は、まずハードな条件を突きつける！

交渉のテクニックについても、少しだけご紹介しておきましょう。

交渉術として基本的なことは、まずはハードな条件を突きつける、ということです。その上で、相手が「いやいやその条件では……」となったら、「では、こういう条件ではどうですか」というふうに交渉していくのが鉄則です。

営業の場面でも、価格・金額、業務の範囲、支払い条件など、まずはこちらの条件を提示して、それからが、ビジネスの交渉となります。

相手の条件に合わせるだけでは、はっきり言って、ビジネスになっていない！と言えます。まずはハードな条件を突きつけて、その上で具体的な交渉を行う、ということを心がけましょう。

私もかつて、外資系のファンドとの交渉において、相手のアメリカ人に、最初にハードな条件を突きつけ、その上で妥当な条件へと引き下ろして、合理的なところで合意したという成功体験をしました。それ以来、より一層、このことは心がけています。

エリートたちは、この手法をよく使いますので、こちらも注意しましょう。

ビジネスは、一つ一つの小さな交渉の積み重ね、Σ（シグマ）で足し合わせた総和が最終的な成果となります。エリート層は、実は、そういった小さな交渉の積み重ねをよく知っています。

一つ一つの交渉の大切さを意識することが重要です。

日本人特有の行動パターン

日本人は謙虚は美徳と考えすぎだと私は思っています。

私はそういう意味であまり日本人らしくないのですが、日本人は躊躇してチャンスを逃してしまっているように思います。ワールドワイドな場に出たら、日本人みたいに躊躇して謙虚になどと言っていると、競争に負けてしまいます。

私が在外研究で滞在した上海交通大学で出会った中国人の社会人大学生は、自分の専門や人脈についてさんざんアピールしてきました。

国際化したビジネス環境では、日本人も自分のことをどんどん躊躇せずに話す必要があります。自分のことを話せば相手も話してくれます。そこからビジネスチャンスが広がることだってあるのです。日本人はこれが下手です。

まずは人とのコミュニケーションの方法を変えることが、どうしても必要です。

自分たちはこうしなければならないとか、入社して先輩や上司に言われたことだけを正しいと思わないことから始めましょう。

日本の大企業に勤めている人はいい大学を出て、真面目に勉強していますが、新しいことをやろうというときの、行動へ移すことやモノの考え方が概して苦手です。だから私みたいなタイプを新規事業チームに投入しておこうという判断でコンサルティングを頼まれることも多いわけです。

ちょっとやり方や考え方を変えて行動を変えれば成果は変わります。

相手に配慮できるゆとりが大切

コミュニケーションの章で最後に伝えたいのは、やはりエリートは気が利いて、相手を優先できるということです。

相手を優先できる人は余裕があって力があるなと感じます。相手を優先できる背景としては、エリートは持っているものが多いから、他人を優先して「先にどうぞ」とできるんでしょう。

私がかつて勤めていたアメリカの金融機関の中でも同様です。「どうぞ」と先にすすめてくれる人がたくさんいます。エリートは「どうぞ」が多いのですね。そういうときは気配りができていて余裕があるなと思います。

ゴルフなどをしていると、残念ながら中小企業の経営者や、サラリーマンの中堅クラスの方の中には「自分が自分が」というタイプが多く見受けられます。

お先にどうぞという気持ちを持っていると、一流に見えます。「自分が自分が」だと、一流には見えません。

日本でも、上場企業の役員クラスの方々になると、やはり相手を気遣い、優先するところがあります。ゴルフでも、ミスショットしたときに、励ますような言葉をさらっと言ってくれます。そして「どうぞ」という言葉が多いです。

私はたまたま、ある大物歌舞伎役者の方とホテルのトイレで一緒になったことがありましたが、その方に「お先にどうぞ」と言われました。誰が見てもその大物歌舞伎役者とわかるようなＶＩＰな方でしたが、見ず知らずの他人に対して「どうぞ」と言えるのはすごいと思いませんか。

やはり相手を気遣って丁寧に行動する人は一流です。トップレベルの人はそういう人が多いのです。

こういった行動習慣だから品が出るのでしょう。これは万国共通なんです。この部分をぞんざいにしているとエリートになっていくことはできません。

第6章

勝つエリートのお金の使い方

エリートはお金に細かい

エリートたちは、お金に対してどのような意識を持っているのでしょうか。

普通に考えれば、エリートは高収入です。先にも述べたように日本人の中で言えばトップ0・4％しかいない年収2000万円プレーヤーたちのお金の使い方を考えてみましょう。彼らはそのお金を、どんなものに対して、どのような心がけで使っているのでしょうか。

この章では、エリートとお金の関わりについて書いていきましょう。

まず言えることとは、エリートたちはお金を大切にするということです。

世間一般よりもかなり多くの収入を得ているとはいえ、エリートは基本的にムダ遣いをしません。ひと言でいえば、エリートはお金に細かいのです。

お金に細かくないエリートは、私の知るかぎり、ほとんどいないと言ってもいいでしょう。私がブラウン・ブラザーズなどで接してきた東海岸のトップエリートたちは、ムダなお金の使い方をしない人が本当に多かったですね。極端な例では、同じセーターを大事に10年着ているというエリートもいます。

とはいっても彼らはケチなわけではありませんし、物に対して無頓着なわけでもありません。格好もきちんとしています。むしろ、ひとつの物を大切にして長く使う人が多い、と言い換えたほうがいいでしょう。ムダなものにお金を使う浪費体質の人は、エリートには極めて少ないと言えます。

ただし一方では、新しいタイプのＩＴ機器が出るとすぐに購入し、試してみるといったタイプのエリートが多いのも事実です。なぜなら好奇心が旺盛ですし、自分の仕事を効率的に行える手段やツールに興味津々だからです。

とはいえ総じてエリートたちのお金の使い方は堅実で、お金の使い方には全般的に細かいことには変わりありません。あなたもエリートを目指すなら、まず「お金には細かくあるべし」「ムダ遣いはしない」と心がけましょう。

では、エリートたちはお金をたくさん持っているのに、なぜお金の使い方が細かいのでしょうか？

もちろん知的レベルが高く、論理的でかつ数字にも強いために、お金の管理がきちんとできるし、家庭や学校教育の中でそのように育てられてきた人が多いということもあるでしょう。また、そういった堅実さを有しているがゆえに、仕事や勉強についても計画的に実行でき、結果として年収２０００万円以上のエリート層になっていることも言えるでしょう。

しかしもうひとつの理由としては、お金の使い方は、ダイレクトに人の信頼性に関わってくることがあるからです。

金遣いの荒い人はビジネスで信用されない

考えてみてください。

あなたがビジネスをするとして、ムダ遣いの多い、ゆるいお金の使い方をする人と一緒に仕事をしたいと思うでしょうか？　そんないいかげんな人物に、あなたの会社の貴重なお金を任せることができるでしょうか？

ビジネスはきちっとしている人と一緒にやりたい。それは当然のことですね。


エリートのお金に対する考え方は、日常のさまざまな場面にも表れてきます。

たとえば、食事のとき。

エリートは、基本的に食べ残さないですね。食べられる分だけをしっかり考え、吟味して、注文します。

大ざっぱに注文しすぎるとか、当然ですがお金があるように見栄を張ったりもしません。エリートでない人がむしろ大ざっぱで、かつ見栄を張るのです。

ビュッフェに行っても、自分が食べたいものを、食べられる適正な分量だけ取ります。エリートには「食べ放題だからたくさん食べないと損だ」などと考えて食べられないほどお皿を山盛りにする人はいません。

多く食べられるなら多く取っても全然かまわないわけですが、食べられる適正量を取るわけです。自由に振る舞いながらも、すべてのことにおいて、考えて実行するという姿勢が浸透していると言えます。

アメリカ人でも食べ残しをしている人は、あまりレベルが高くない人たち……そう考えてもいいでしょう。

欧米のエリート層は、食事相手に対しても「もっと食べなさい」などと無理強いすることはしません。自分にとっての適正量があるように、相手にとっても適切な量はそれぞれあると考えるわけです。相手を気遣い、相手のことを尊重しますし、お酒の量についても、相手にとってはこの量がちょうどいいかなと考えて、もてなします。

一方で、真のエリートではなく、にわかに大金を稼いだタイプにありがちなのは、何も考えずに派手にお金を使うことです。レストランでオーダーするときも食べきれないほど注文したり、必要のないものにまで大ざっぱに大枚をはたき、細かなところを大事にしようとしないのです。

私なんかはもともと大ざっぱでしたが、経営者になり、多くの経験を積むようになってから、お金に細かくなりました。そのほうがビジネスの成果も出ると感じています。

たとえば、ある程度以上の収入があれば、移動手段をほぼタクシーにしたり、電車をグリーン車にしたりしても、金銭的な問題はありません。

しかし、ちょっとしたお金であっても、本当に必要かどうかの観点で、きちんと考えることが大切です。世界のエリートたちはそういったことを丁寧にやっています。もちろん浪費となるお金は使いません。

お金を使うときには使いますが、無駄なことには一切使わない。

私は接待交際費や図書費、ゴルフなどはそれぞれの毎月の予算を決めてその範囲内でマネジメントしています。基本的にその範疇でコントロールするのです。

お金にルーズな人は仕事を任せてもらえないですし、やはり伸びません。

相手がお金遣いをぞんざいにしていたら、自分が支払ったお金の何割かはその人にぞんざいに使われているとつい考えてしまいますし、見積もりにも無駄があると邪推されてしまいます。

自分の価値観でお金を使う

もちろんエリートでも、レストランでたくさん注文する人はいますし、趣味で同じようなものをいくつも買う人もいます。しかしそれは、自分は食べられる量が多いからこのくらいが適切だとか、自分はこのことにはこだわりがあるからとか、自分の考えに従ってお金をちゃんと使っているのです。

エリートは収入が多くお金はありますし、ケチでもないのでなんでもかんでも

自分の価値観で行動することが大切

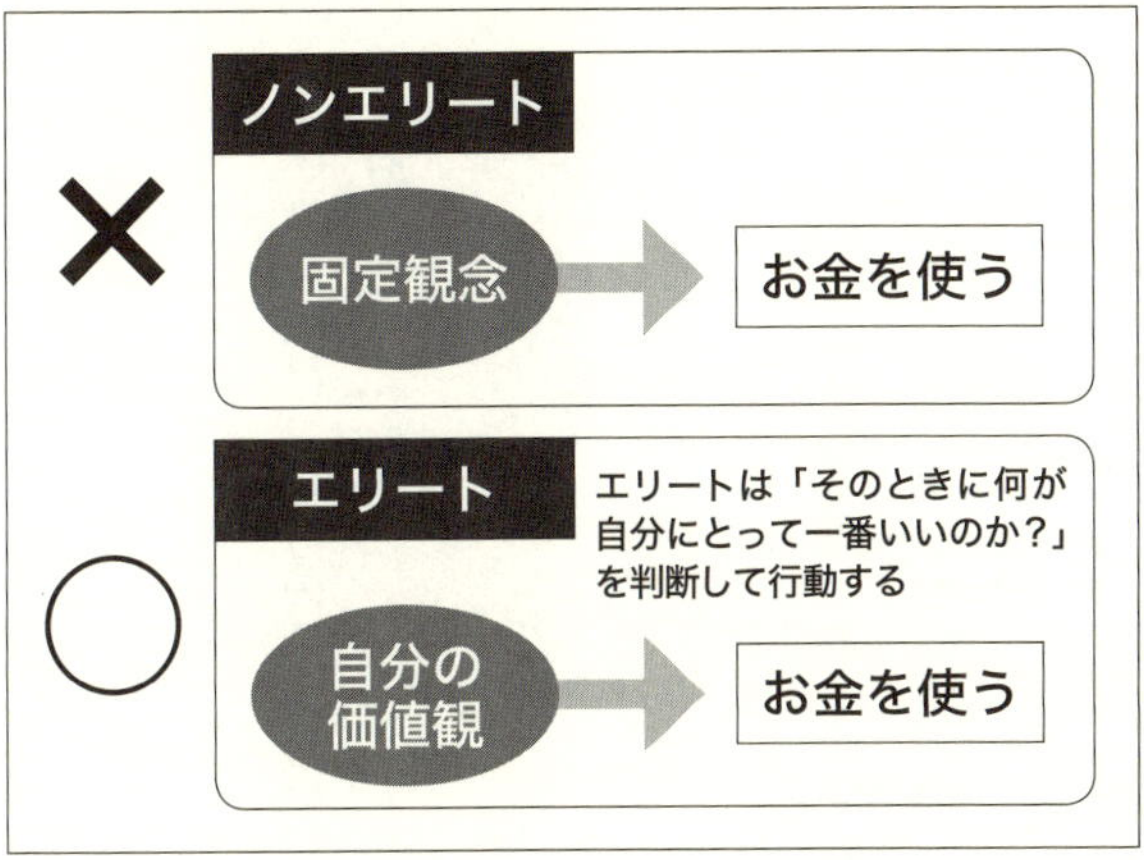

支出を渋るわけではなく、自分にとって必要なものだけをオーダーするという姿勢です。他人の目を気にしてお金の使い方を変えることもありません。

別の言い方をすれば、エリートたちは自分なりの価値観を持っていて、その価値観にきちんと従った行動ができるということです。

たとえば、先の例で「エリートはビュッフェで山盛りにしないものだ」、そういう行動は格好悪いからしないというのは、自分の価値観ではなく、他人の目を気にしているだけなので、ダメです。そんな固定観念で考えず、グローバル社会で戦えるのは、自分の価値観に基づいてしっかり行動できる人です。

海外のエリートは、自分の価値観に従い「そのときに何が一番いいのか」を判断して行動しています。

本は一番安い自己投資

逆に言えば、自分の価値観を持ち、それに従って行動できているなら、必要なことにたくさんのお金を使うのは「金遣いが荒い」のとは違います。必要なところに必要なお金をつぎ込む、それは悪いことではありません。むしろ、エリートのお金の使い方に合致した行動ですね。

買った本を読まずに積んでおく「積ん読」を批判する人がいますが、だからといって本を買うことに慎重になるのはもったいないと私は思います。

先にも述べましたが、本は一番安い自己投資です。本1冊で学ぶことがひとつでもふたつでもあれば、それでOKじゃないですか。1冊の本に期待しすぎることのほうがむしろ不自然です。

1冊をきちんと通して読んでようやくひとつの大事なことを学べる本もあれば、パラパラとめくるだけで、あるいはタイトルや見出しを眺めるだけで学べる本もあるはずです。本を買うことは学ぶための投資ですから、慎重になりすぎては自分を磨くことなどできません。

「この本を買ってみて学べることがひとつでもあればいいや」という姿勢で本を買うことを、私はオススメしたいですね。もしかしたら積ん読であっても、時間があるときに読むなど、何かいい影響があるかもしれません。自分の価値観に沿ってさえいれば、それはけっしてムダ遣いではないのです。

私の場合、いいなと思った本は自宅と会社の両方に置いておき、いつでも手に取れるようにしています。なお、最近は、電子書籍を買うことも増えています。

「人と違う」を目指して自己投資すべし

交流会に参加して人脈を広げたり、セミナーで知見を広げたりすることは大切です。時間とお金と労力を投入した、いわゆる自己投資ですね。

何もしていない人にチャンスはきません。自己投資は結果的に、いずれ何倍にもなって返ってきます。最も投資効率がいいです。

みんなと同じようにしかなれない、エリートになれないという人は、自己投資をしていない人が多いと思います。愚痴ったり文句を言ったりする前に、自己投資しろ！と言いたいですね。すぐには効果が出なくても、5年10年たてば必ず差がつきます。

世の中のほとんどの人は当然、誰でもやっているレベルを超えた自己投資をしていません。エリートたちは「誰でもできることは100%完璧に半分の時間でやる」のは当たり前なのであって、質・量・スピード・発想などの面で他人を超えることができるようになることが必要です。

そのために、ほかの人たちはやっていない勉強や情報収集のためにお金をかけ、努力もするからエリートになれるわけです。

みんなと同じように仕事をし、みんなと同じように飲みに行っているのに「みんなと同じにしかなれない」なんて、当たり前です。意気込みも卓越した努力もしないのに、平均から抜け出せるわけがありません。「みんなと同じ」ではなく、「人と違う」を目指して自己投資を積極的にすべきです。

広がり感のあるお金の使い方

自己投資は積極的に行うべきであり、その際に、考え方のうえで注意しておきたいことがあります。実は、「費用対効果」という考え方だけに固執するのは良くないということです。日本人にはこの言葉が好きな人が多いのですが、お金に比例した直接的なリターン、いわゆる「費用対効果」をあまりに考えすぎてお金を出すと、その期待に縛られてしまいます。

明確なリターンを得られなかったときの失敗感が「やっぱりムダだった」となり、その後の投資に悪影響を及ぼしてしまうのです。

もちろん費用対効果は大切なのですが、費用対効果だけに縛られないことです。費用対効果だけを追求して成功したという人は、私の知るかぎり、実はあまりいません。

ここで私が提案したいのは、「広がり感のあるお金の使い方をする」ことです。「これだけお金を使ったのだからこれだけの現実的なリターンがないとダメ」ではなく、「ここにお金を使っておいたら将来的に広がるかも、何かにつながるかも」と考えることです。

目に見える費用対効果だけでなく、すぐは見えないけれどいずれ何かメリットが得られそうなことにお金を使うことです。

極端な話、自己投資は「捨ててもいいからとりあえずやってみる」という考え方が必要です。広がり感や未来の可能性を目指して行う投資であれば、たとえすぐに成果が出なくとも、将来の可能性を買っている未来に向けた投資ですから、OKなのです。

お金をもらって勉強する

自己投資は「自己」投資ですから、そもそもは自分でお金を出すべきです。

しかし、私がいまここであえて言いたいのは、

「お金を自分で払って勉強するのではなく、お金をもらって勉強しろ！」

ということです。

これには2つの意味があります。1つは、いろいろな仕事をして、その経験から学ぶというもの。若いときに苦労して数多くの仕事を体験し、その経験をのちに花開かせて成功したという方もたくさんいることでしょう。

もう1つは、誰かにお金を払ってもらって勉強するということです。私がより勧めたいのは、こちらの方法です。

私もブラウン・ブラザーズ時代、英語の勉強などにかかる費用はすべてブラウン・ブラザーズに払ってもらっていましたし、教員として勤務している大学や外

部の基金などのお金で海外で勉強させてもらったこともあります。というより、私が今日ここにいるのは、会社や大学、自治体、民間団体など、さまざまなところが出してくれたお金により、海外経験も含め、学ぶ機会を多く与えてもらえたからです。

自分のお金だけで海外留学したり、ワーキングホリデーで海外労働経験を積んだりしてももちろんいいのですが、それにはやはり限界があります。よほど実家に資産のある人しか無理でしょう。

だからこそ、会社や組織がお金を出してくれる機会を積極的に活用しましょう。勉強自体を会社のお金でできるだけでなく、その期間も給料がもらえるわけですから、これ以上素晴らしいことはありません。

お金を出したいと思われる人間になれ

ただし、1つ大事なことを忘れてはいけません。

会社などからお金を出してもらって勉強するには、まず何よりあなた自身が、会社が「お金を出したい」と思うような人間になることが最低条件です。

「こいつはいくら金をかけてもモノにはならないだろう」

……などと会社に思われてしまったら、あなたの勉強のために会社がお金を出してくれることなど絶対にありえません。

つまり、「お金を出してあげよう」と思われる人材にならないと、会社のお金で海外留学したり、海外経験を積んだりすることは難しい、ということなんです。

そして、会社にそう思ってもらえるようにするには、前提として、あなたが自分自身で勉強や努力を積み重ねなければなりません。

「あいつにお金を出したい」と会社に思ってもらえるように、先述した「誰でもできることは100%完璧に半分の時間でやる」心がけで日々の仕事をしっかりこなすことはもちろん、さらにプラスアルファで自己投資して勉強することが大事なんです。

その勉強のために、お金や時間を費やさなければ、「平均」からあなただけが抜け出すことはできないのです。

ですから、セミナーや勉強会に積極的に顔を出し、本もたくさん買って、学術的なことも含め、どんどん学んでください。「会社がお金を払ってくれるならセミナーに行くけど、会社が払ってくれないなら行かない」という態度はダメです。話になりません。

そこは自己投資をしないといけないんです。

交流会も同様です。自分でお金を出して交流会に参加し、人脈を広げることで、あなたの仕事は広がり、「人とは違う」際立つ成果を生むことにもつながります。人脈は必ず自分にプラスとなって返ってきます。

その成果を会社に認めてもらえれば、「来年からアメリカのビジネススクールで勉強してみないか？」という声がかかったりもするわけです。

アカデミックな勉強にお金を使え

第4章で詳しく述べた通り、たとえば問題解決をするときに、他に問題解決したケースを見つけ、そこから一般的なインプリケーションを導き出し、それを自分のケースに応用するのが基本パターンですが、この手法は大学や大学院教育で学ぶことです。

日本人はアメリカ人に比べて大学でのアカデミックな勉強を大切にする人が少ないために、社会人になっても問題解決の手法を身につけていないことが多いのです。

アメリカのビジネススクールはかなり勉強しないと卒業できません。アメリカのMBA取得者が問題解決をできるのは、大学時代やビジネススクールで何かを調べて要素に分解して分析し、そこからインプリケーションを導き出して自分の問題に適用・応用するというステップの教育をしっかり受けているからです。

だからトップエリートにはMBA取得者が多いのです。

私はもともと社会人向け大学院の教員でもあり、大学教育の限界ももちろん理解していますが、それでも大学でのアカデミックな教育には意味があると考えています。

そこを日本人は軽視しすぎています。

大学や大学院でアカデミック（学問的）な知識や手法を学ぶことを軽視しないようにしましょう。

日本では昔、会社に入ったら、大学で勉強したことはすべて忘れろ、そんなものは関係ないという時代もありましたが、今の時代はそれではダメです。大学でもしっかり勉強して、自分はこれを勉強したんだと思えるような自信をつけることが重要です。社会人になった人でも、いつからでも遅くはありません。

日本はアメリカほど学歴社会ではありませんが、それでも、きちんと学費を負担して、学位を取っていくことは、特に学歴が重視されるアメリカや中国などでグローバルに仕事をするときに効果を発揮します。

学位は、バッジであり、パスポートのようなものとも言えるかもしれません。付けていないと通してもらえない、持っていないと中に入れないということです。

MBAだけが大切ではないということは、これまでにも本書で書かせていただきましたが、それでもやはり学費を出して、自己投資して修士号や博士号を取っていくことは、お金の使い方として正しいと私は考えています。

最終章

どんな時代でもちょっとした心がけで君は勝てる

アメリカのＭＢＡだけが絶対的ではない

私がこの本で一番伝えたいのは、エリートたちが行っているちょっとした仕事の心がけを習得するのに、その習得の道筋を典型的な１つのパターンに限定して考える必要がないということです。

たとえば、ビジネス界でエリートという言葉から連想するのは、アメリカのＭＢＡを取得した人で、なおかつ外資系のコンサルティング会社や投資銀行などで働いている人というイメージです。

しかし、私は、「必ずしもアメリカのＭＢＡを取らなくても、エリート並みの仕事はできる！」と考えています。

日本人は、どうしても画一的に物事を考えてしまう傾向があります。「はじめに」でも書いたように、そもそも日本人はレベルが低いわけではありません。

もちろん日本人特有のクセ（アウトプットにヘジテイトすること、「謙譲の美徳」を重んじすぎること、進んで自己アピールしようとしないこと、など）はあります。それは意識して直していかなければいけないのですが、基本的にエリートの仕事術はどんな人でも心がけひとつですぐに真似のできる、当たり前のことばかりです。

日本人は総じて教育もきちんと受けていますし、英語だって、発音などは苦手かもしれませんが、単語や文法は学校教育でよく身につけています。

何より、仕事に真面目に律儀に取り組む姿勢は、多くの日本人が自然と身につけているもので、海外からも羨望の眼差しで見られている長所です。

他方、海外でグローバルに活躍するエリートの考え方、仕事術はどうかということ、実のところ、アメリカのＭＢＡでしか学べないような特別なこと、「エリートだから」という特殊で特別なことはほとんどありません。

ということは、必ずしも、アメリカのＭＢＡに行かなければ、エリート的な仕事はできないとステレオタイプで考える必要はないということです。

そのエッセンスさえ知ることができれば、「トップエリートたちの仕事に対する心がけを学び、実践することは、日本にいてもできるんだ」と、考え方の方向性を変えれば良いわけです。

逆に言えば、その「日本人はダメだ」「日本にいてはダメだ」という考え方のまま仕事に臨み続けていたら、アメリカに行こうが何をしようが、結果的にエリート並みの仕事をできることなどありえません。

日本にいても、海外にいても、ちょっとした心がけを大切にして、日々の生活やビジネスに取り組みさえすれば、結果的に、世の中の多くの方が目指しているような社会的なポジションを得ることもできるのです。

エリートは自分の価値観を持っている

本書の中で、私は「エリートはこういうものだ」というようにある程度限定して書いてきました。

しかしそれは、私がこれまでブラウン・ブラザーズやペンシルバニア大学、上海交通大学、また日本の大手銀行時代などに実際に会ってきたエリートたちの姿、彼らの特筆すべき心がけをベースにしたものです。

言うまでもなく、エリートも人それぞれ。世界には実に多様なタイプのエリートがいます。いつでもパリッとしている人もいれば、どこに行くにもラフな格好をしているエリートもいます。

多くのエリートと思われる人々の中でも、ＭＢＡを持っていないエリートもいますし、アメリカのＭＢＡに行かなくても、あるいは大学に行っていなくてもエリートはエリートです。

高学歴なベンチャー起業家も増えていますが、そうでない優秀な起業家や経営者は世の中にはたくさんいらっしゃいます。私のベンチャーキャピタル時代の投資先企業の経営者にも、高校中退で、枠にはまらない発想で、業績を大きく伸ばしている経営者が何人もいました。

今の時代は、キャリアパス（経歴を作る道筋）が多様化しています。

ですから、画一的に、モノトーンで物事を考えないことが大切だと言えます。


たとえば第2章でも紹介した建築家の安藤忠雄さん。

安藤さんは大学での建築教育は受けていません。大阪の工業高校を卒業し、独学で建築士試験に合格したのですが、縛られない自由な発想を持ち、社会的な問題意識も高く、努力家で……と、間違いなくエリートですね。

やはり「自分はこうなるんだ」という夢に向かって努力した、その努力量が圧倒的に違うのだと思います。

エリートたちは、人並み以上の努力をしているものです。

私の慶應義塾大学での博士号の指導教授である武藤佳恭先生も、スーツでかっちりキメているわけではありません。冬でも半袖のポロシャツを着ています。朝からステーキセットを食べるユニークさもあります。まったく威張っていませんし、人には親切ですし、慶大教授のポストにしがみついてもいません。若いときからチャレンジを重ね、固まった考え方に縛られずに行動している武藤先生も、もちろんエリートです。

小泉純一郎さんがかつて首相のとき「人生いろいろ、会社もいろいろ」と国会で発言しましたが、まさに「エリートもいろいろ」なんです。

彼らに共通しているのは、みんな自分自身の価値観に従って、自由に生きているということです。

この「自分の価値観で、自由に生きる」というのが、もしかしたらエリートの本当のちょっとした心がけなのかもしれません。

エリートにはこれと決まった形があるわけではありません。

だからあなたも、いろいろ学び、努力して、自分に合う形でエリートのちょっとした仕事の心がけを実践してください。

世界中どこに行っても日本と同じように振る舞えるようになる

やはり、英語力は重要です。

エリートたちがやっている仕事のスキルを実践するためには、英語は避けて通れません。私自身も苦労しながら、勉強を続けています。

世界中の情報の約7割が英語だと言われています。そんな中、英語で検索して情報を集める能力や、世界の標準語である英語でコミュニケーションがしっかり取れる能力は不可欠です。

そして、先述しましたが、英語の能力だけでなく、世界中どこに行っても、日本と同じように振る舞える、自分のペースを保てるということは大切です。

アメリカでも、アジアでも、その他の地域でも、どこに行っても、日本と同じように、ヘジテイト（躊躇）せず、振る舞える、交渉ができる、友達を作れるということができなければ、グローバル化する世の中では戦っていけません。

英語については、勉強し始めるのに、遅いということはありません。自分の能力はいつでも開拓することができます。また、しばらく英語から遠ざかっていた人でも、ネットやスマホのサービスを使えば、日々、英語に触れることはできますので、英語能力を復活させることができます。

多面的に生きるという考え方を持つ

エリートの形は人それぞれですし、ひとりのエリートの中にもいくつもの面があっていい。というより、いくつもの側面を持っているほうが、人としての魅力は間違いなくアップします。

つまり、多面的に生きるということです。

多面的に生きるためにも、趣味や興味の多さは最高の武器になります。

本書で書いたように、好奇心の幅を広くし、多彩な情報を常にインプットすることを心がけるのです。

専門分野を持つことは、もちろん素晴らしいことです。この分野では誰にも負けないというのは、強烈なアピール力を持っています。

しかしそれだけでなく、いつでもあらゆる方向にアンテナを伸ばし、インプットを続けていれば、専門分野だけに偏らず、あなたの世界全体をふくよかに広げていくことにつながるのです。

そしてインプットをしたら、必ずアウトプットすることを心がける。これであなたがインプットした情報はあなたの血となり、肉となります。

ひいてはインプットとアウトプットの組み合わせから新しい発想を得られるようになりますし、そんなあなたの周りにはたくさんの貴重な人間のネットワークができるでしょう。

つまりあなたは、魅力的な人間になるのです。

それが、これからの厳しい時代を生き抜くあなたの強みになります。

強みは誰もが持てるものですが、最初から、何もせずに身につけられるものでもありません。

しかしひとたび自分の強みを作ることができれば、あとはどんな時代がやってこようと、何をやっても食べていけます。

「エリートは打たれ弱い」などというのはアンチ・エリートが勝手につくり上げたイメージです。打たれ弱いのは形だけのエリートのことでしょう。

真のエリートは、目の前にどんな状況が到来しようと柔軟に対応できる、強い存在なのです。

リチャード・フロリダの言うXクラスになる

私はかつて大阪市立大学大学院の創造都市研究科の専任講師をしていました。この創造都市研究科の「創造都市」とは、クリエイティブシティ論として学問的に研究されている領域です。アメリカ出身で現在はトロント大学の教授をしているリチャード・フロリダが言っていたものです。

これまでの工業化社会は、いい大学や大学院を経て知識を獲得したナレッジワーカーの時代でした。そういう人はみんな投資銀行やコンサルティング会社に入社し活躍していました。知識吸収とアウトプットが得意な人たちがそこに集まっていたのです。日本でも、そのような人々は旧大蔵省に入ったり、旧日本興業銀行に入ったりしました。

しかし、いまの時代のエリートは違います。

リチャード・フロリダの言うところの、工業化社会の年収1000万円以上のナレッジワーカーはAクラスの人です。いい大学に行って修士号くらい持っています。

これからのエリートはその上のXクラスだと言われています。

自分だけのオリジナルなことを考えて、クリエイティブなXクラスとして自由に活動しているのが、これからの時代のエリートです。

積み重ねてきたことを「信じる力」が重要

さて、少し話を戻しますが、自信を持つこと、揺るがない自分への信頼感を持っているかどうかということが、仕事において、成果を決めることがあります。

モチベーションの維持においても、自分への自信が必要です。

やはり、自分がやってきたこと、やってきていること、特に、積み重ねてきたものを信じる力が大切だと思います。

グローバルな世界において、日本人が一人まじって仕事をするときなどにも、それまで自分が積み重ねてきた努力などを思い出し、それを、自分自身が信じきってあげること、根拠がなくとも、自分を信じることが大切だと思います。

自分にとって幸せとはどういうものかを考えておく

あなたにとって、幸せとは何ですか？

……こんな質問をされて、すぐに答えられる人はあまり多くはないのではないかと想像します。

常にやりたいことを30個は挙げられるようにしておこう！と書きましたが、これと同じく、自分にとっての幸せとはどういうものなのかを考えておくことも大切です。

その「幸せ」を実現するために、シナリオベースで将来戦略を考えることも大事です。自分なりに、未来のシナリオを準備しておくのです。

そのとき、現実的な選択だけでなく、バラ色の選択もできるだけ多く考えておくことがポイントです。

現実的な選択だけでは、広がり感がありません。

やはり物事や道筋を選び取るときには、より可能性が広がる、すなわち広がり感の大きいほうを選ぶようにしておくと、最終的には現実的な選択を超えた未来が実現するものです。

そして、夢でもいいので目標を持つこと。

たとえば私は子供の頃から、いつか本を出したいという夢を持っていました。

その夢を実現に向けて進めるための現実的な努力として、昔から本を多く読んだり、新聞記事のスクラップをずっと続けたり、頼まれた原稿はどんなものでも基本的に断らないで書くというスタンスを貫き通してきました。それをいまでも続けているということは、すでに本書でも書いた通りです。

その一方で私は、大学を出るとき、就職に関するいくつかの選択肢の中で、ニューヨークのブラウン・ブラザーズに進む道を選びました。その後、大学教員や大手銀行を経て経営者の道を歩み、そして何冊もの本を出せるようになりました。

いわば私が描いたシナリオは、100%その通りに進んだわけではないにしても、結果的に夢が成就したわけです。

いま、この本を読んでいるあなたも、現実的なシナリオとともにバラ色のシナリオも常に思い描き、それを常に意識して、日々過ごしてみてください。

死ぬ気でがんばるといったように肩の力を入れなくとも、常に、自分が実現したいと思う夢やビジョンを頭に置いて行動することで、そのために必要な情報、人脈、スキルを自然とかき集めていくことができます。

夢、つまり、自分が達成したい目標を設定せず、漠然と漫然と過ごしていては、何かを達成することはできません。

目標を設定せず、ただ単に努力だけしてみても、意味がありません。それは、労多くして、実り少なしになってしまう可能性があります。

私の経験から獲得してきた「エリートたちのちょっとした仕事の心がけ」は、この本に盛り込むことができたと思います。

この本が、「平均」の「その他大勢」から飛び出すことを願うあなたの努力の一助になれば幸いです。

おわりに

この本を読んでいただいたみなさんには、な〜んだ、世界のエリートといっても、特別なことをやっているんじゃないんだな、自分でも同じことを実践できそうだなと思っていただけたのではないでしょうか？　今の時代はエリートといっても、昔ながらのエリートコースとは違ってきていることにも気づいていただけたのではないかと思います。日本では上場企業に就職することが良いことだと思われていた時代もあります。しかし、上場企業に就職することは、株式上場（ＩＰＯ）によって、キャピタルゲインを取れるチャンスを最初から捨てているという見方もできるのです。リスクはあってもチャンスが広がる選択をすることが大切です。

今これからの時代は、ひ弱なエリートはいらない世の中ともなります。自分の頭で考え、自分の足で歩く、骨太なエリートが求められている時代だと言えます。

この本では、私が新卒で就職したブラウン・ブラザーズでの経験を多く書かせていただきました。私のその選択・経験は、けっして、平坦な順風満帆な歩みではありませんでした。しかし、その選択の結果、私は強い歩みをしてこられました し、このたび、こういった本も出版させていただくことができました。「人生万事塞翁が馬」です。チャレンジをして得られることは計り知れず、大きいです。常に前向きな方向性を大切にすることが、人生を切り拓く最大の鍵となります。

これまで、私のさまざまなわがままを温かく見守ってくれ、励ましてくれた方々すべてに感謝しています。恩師、会社の上司、友達、家族、みんなに支えられて、今日の私があります。心からの御礼を伝えたいです。直近、約7年の経営者人生でも、7500名を超える方々と名刺交換をさせていただきました。ありがとうございます。この本を通じて、私を支えてくれた多くの方々のご厚意を、世の中に少しでも還元できたらと願っています。読者のみなさんが、自分らしい、幸せな人生を送れることを願ってやみません。Good Luck! And, be happy!

2014年12月クリスマスイブ　南青山のオフィスにて　冨田賢

●著者プロフィール
冨田 賢（とみた・さとし）
1973年生まれ。慶應義塾大学卒業。京都大学大学院経済学研究科修了。ティーシーコンサルティング代表取締役社長。NY本社のプライベートバンクを経て、独立系ベンチャーキャピタルの創業に参画し、2年半で株式上場達成。ペンシルバニア大学や上海交通大学にて在外研究。大手資金運用会社を経て、2008年から現職。ハーバード・ビジネス・スクール教授の著書の翻訳本も出版。約7年で150社以上の驚異的なコンサルティング実績を誇る。

マイナビ新書

世界のエリートが教える
ちょっとした仕事の心がけ

2015年 1月31日 初版第1刷発行

著　者　冨田 賢
発行者　中川信行
発行所　株式会社マイナビ
〒100-0003 東京都千代田区一ツ橋1-1-1 パレスサイドビル
TEL 048-485-2383（注文専用ダイヤル）
TEL 03-6267-4477（販売部）
TEL 03-6267-4483（編集部）
E-Mail pc-books@mynavi.jp（質問用）
URL http://book.mynavi.jp/

装幀　アピア・ツウ
印刷・製本　図書印刷株式会社

 ISBN978-4-8399-5090-3
Printed in Japan